瞬考

「何か面白い仮説を出してください」

戦略コンサルティング会社に入社するやいなや、言われた言葉だ。

そもそも、面白い仮説とは何だろうか？

「みんなが気づいていなくて、気づくべきこと」が面白い仮説である。

みんなが知っていることは、仮説でもなんでもない。

他の人と同じような目線や範囲で考えていては、
面白い仮説は一ミリも出てこない。

時間軸を長く取り、
かつ、広範囲な視点でものを考えることで、
斬新な仮説がはじき出せる。

これは、言わば「一を聞いて十を知る」といった状態だ。

「一を聞いて十を知る」の境地に至るための方法。

それは、「一を聞いて十を調べる」ことである。

5年、10年と「一を聞いて十を調べる」ことを継続する。

その努力によって累積したインプットは、大きな「知の資産」となる。

頭の中に、多数の事例や事象を累積して溜め込んで「知の資産」を作り、
長期の時間軸を意識して思考すれば、
仮説は一瞬ではじき出せる。

仮説が湧けば、やるべきことがわかる。

世界がつながった今では、やるべきことがわかれば、
その実行のために最適な人を集めることができる。

それができれば、超高速、かつ最小エネルギーで仕事を動かせる。

この役割を果たすのが、「ビジネスプロデューサー」だ。

そして、ChatGPTをはじめとした、
革新的な生成ＡＩが登場しつつある。

ＡＩをうまく使いこなすには、
「何をやるか」という目的の設定が重要となる。

目的の設定のためには、
「何が課題か？」を把握する仮説スキルが求められる。

目的と課題を明確にしたうえで、
それをＡＩに指示すれば、
あとはＡＩが瞬時に「答え」を出す。

ＡＩ時代は、仮説時代、になるはずだ。

仮説を一瞬ではじき出す思考法。

それが「瞬考」である。

山川隆義
YAMAKAWA TAKAYOSHI

瞬考
SHUNKOU

メカニズムを捉え、
仮説を一瞬ではじき出す

かんき出版

はじめに

本書では、仮説を一瞬ではじき出すための思考法である「瞬考」と、新しい時代の職種「ビジネスプロデューサー」についてお伝えする。

インターネットによって、モノだけでなく、人も含め、あらゆるものがつながっている状態になった。

「つながった時代」云々は、以前から論じられているが、この「つながった時代」によって引き起こされた変化を、日々の働き方、自分自身の思考法に落とし込めているビジネスパーソンは非常に少ないと感じている。

ＩＴの歴史と原理を振り返れば明らかなのだが、あらゆるモノがつながっているということは、そこには少数の「選ぶ側」と圧倒的多数の「選ばれる側」が生まれることになる。

「選ぶ側」というのが物事を実現していくビジネスプロデューサーであり、「選ばれる側」というのは、物事を実現していくにあたって、その一部を担当するスペシャリストだ。

平成の頃から、「市場価値を高めるために、スペシャリストを目指そう」という論調が広がってきたように思う。今でもその風潮は続いており、自らの人生に真剣に向き合っているビジネスパーソンがスペシャリストとしての技量を高めようとしている。

「選ぶ」ビジネスプロデューサー 「選ばれる」スペシャリスト

しかし、その認識ではキャリアの袋小路に入り込んでしまう可能性がある。

というのも、「つながった時代」のビジネス世界においては、ビジネスプロデューサーが、物事を実現するために必要なアクションを最小限の単位に因数分解し、その最小単位に必要なスペシャリストを当てはめていく、という戦い方になるため、スペシャリストの数は今までより少なくて済むからだ。
映画の撮影で、主役は彼、ヒロインは彼女、脇役はこの人たち、それ以外の俳優はいらないよ、というように。

極端な表現をすると、世界規模でトップオブトップのスペシャリストを探し、彼らをキャスティングして最高のアウトプットを生み出すビジネスプロデューサーの勝ち組と、誰の力を借りることもできず、単体で、スタンドアローンで最低レベルのアウトプットしか生み出せない負け組に二極化していくことが予想されるのだ。

仮に努力の末、スペシャリストとしてトップのポジションを取れた場合でも、時代が加速度的に変化しているため、自分の専門分野がある日、急に不要になってしまう可能性も高まっている。

昨今のChatGPTをはじめとする生成ＡＩの出現により、選ばれる側が、必ずしも人間である必要すらなくなるリスクも存在する。

仮説を唱える力は、人を集める力になる

本書は、「選ぶ側」であるビジネスプロデューサーにどうすればなれるか、をお伝えしていくものである。

ただし、ビジネスプロデューサーになるためには、人、モノ、金など、あらゆる資源を集め、統合していく必要があるのだが、その起点になるのが「瞬考」なのだ。

人をキャスティングしようと思っても、他人から「この人は面白い」「この人がやろうと思うなら手伝いたい」「この人であれば自分のネットワークを紹介したい」と思ってもらえなければキャスティングしようがない。

キャスティングするためには、あなたに実力がなければならない。

他人の心を動かせるような仮説、「相手が知らなくて、かつ、知るべき」仮説を瞬時に唱えられる実力がなければならない。

その実力が起点になって、誰かが力を貸してくれるようになる。

力を貸してくれた人と一つ一つ仕事を丁寧に完遂していくことで、ネットワークがコツコツと積み重なっていく。

ネットワークが広がっていけば、「この問題はこの人に聞けば、一瞬で解決できそうだ」というような仲間が増えていく。

このサイクルを繰り返していくことが、ビジネスプロデューサーへの道のりだ。

そうやって仕事を積み重ねていけば、言わば「バーチャル知識ネットワーク」が頭の中に格納されることになる。

「誰が、何を知っているか（解決できる、得意な分野）」をきちんと把握してネットワークを拡張していけば、そこから誰も思いつかないような仮説を瞬時に導き出せるようになる。

「瞬考」と「ビジネスプロデューサー」、この二つは切っても切り離せない、互いに密接したものであり、だからこそ一冊で取り扱っている。

もしそのようなバーチャル知識ネットワークを構築することができれば、周囲のライバルは自分の頭脳だけで問題の解決策をうなりながら考えている横で、あなたは、「この問題で悩んでいます。ご相談させてください」と電話を一本かけるだけで、メッセージを一言送信するだけで、ビジネスを一瞬で動かしていくことができる。

問題の特定まで数ヶ月かける働き方と、たった数分で、問題の特定だけでなく、その解き方まで一瞬でわかってしまうような働き方。

両者の差は永遠に埋まることはないだろう。

仮説とＡＩ

ビジネスプロデューサーというのは、職種として企業に登場し始めているとはいえ、そこまで一般的な言葉ではないと思う。ということは、今のうちから、本書でお伝えする内容を実践していけば、他人と比べて、圧倒的な差別化を図ることができる。

今後、ChatGPTに限らず、さまざまなＡＩツールが続出するはずだ。それらを使いこなせるかどうかで、生産性に圧倒的な差が出てくるだろう。

ただし、ＡＩツールにタスクを依頼して、使いこなすには、指示を出す必要がある。タスクの依頼先が、人間のスペシャリストであっても、ＡＩであっても、指示する側が、「何をやるか」という目的を設定することが、非常に重要である。

大目的を設定できれば、それを中目的、小目的に因数分解し、その目的を実行するうえで最適な人材、またはＡＩに仕事を頼めばよいからだ。

目的設定のためには、「何が課題なのか」を明確にする仮説構築力が求められる。課題を明確にする際には、時間軸をどれだけ取るか、範囲をどれだけ取るかが重要になる。その切り取る範囲によって、課題自体が変化する可能性があるためだ。

短い時間軸かつ狭い範囲の中で課題を探すのは非常に簡単であるが、そこで見つかった課題は大抵の場合、誰しもがわかることで、それを偉そうに話したところで、「そんなこと、知ってるよ」で片付けられてしまう。時間軸を長く取り、範囲を広く取ったときの課題は、時間軸が短く・範囲が狭い中での課題とは大きく異なる。

ＡＩ時代に人間が仮説構築力を鍛え、課題発見力を高めるためには、時間軸を長く取り、範囲を広く取ってものを考えることが要求される。

そのためには、さまざまなことを知っておかなければならない。

ＡＩが進化すればするほど、リベラルアーツ、すなわち教養の深さが大きく問われることになる。

教養の深さは、瞬考においても、ＡＩに指示を出すためにも肝要である。

仮説が湧くのは、教養が深いからであり、そうでなければ、仮説は湧かない。

指示が出せるのは、仮説が湧くから。仮説が湧かなければ、指示は出せない。

ＡＩが加速度的に進化していく世界において、仮説構築力があるかどうかが、死線を分けるだろう。

本書では、その仮説構築力をどうすれば身につけることができるのか、をお伝えしていく。

ポイントを押さえれば、すぐに仮説を導き出せるようになる

鋭い仮説を生み出すために真に重要なポイント、というのは極めて少ない。その少ないポイントをきちんと身につければ、誰でもそれなりの仮説は湧くようになる。

これまでに「思考法の本」を読んできた方は、あらためてそれらの中身を読み返してみてほしい。「仮説が湧くようになるために、あなたがやるべきこと」を記述しているものは、意外と少ないのではないだろうか。

よって、あなたが鋭い仮説を生み出す瞬考が「できるようになる」ことを第一目的とし、私の体験やさまざまな事例を交えながら、シンプルに記述を進めていくこととする。

コンサルタントというと、何百枚もの小難しいスライドを作っているようなイメージを持つ読者も多いかもしれない。

そのイメージは間違ってはいないのだが、企業を変革していくときに使用する、トップマネジメントと議論する際の資料は、実は平易な内容のＷｏｒｄ数ページで済む。

実際、私がクライアントと議論するときに使うのは簡潔なＷｏｒｄ資料であることが多い。

これは「読者を変革する」ビジネス書でも同様だと思われる。

本当に必要なことを、わかりやすく、シンプルにお伝えしていきたい。

第1章

仮説が湧くのは「知っている」から

第2章

一瞬で仮説をはじき出す「瞬考」

第3章 瞬考の実践例

第4章

瞬考とビジネスプロデューサー

第1章

仮説が湧くのは「知っている」から

ＹＯＡＳＯＢＩはなぜヒットを連発できるのか？

「ＹＯＡＳＯＢＩを超える音楽ユニットのコンセプトを来週中に考えてほしい」あなたが新米の音楽プロデューサーだった場合、このお題に対する仮説を瞬時に出せるだろうか？

２０２０年、ＹＯＡＳＯＢＩの「夜に駆ける」は、その年のBillboard Japan Hot 100の年間首位を獲得した。トップアーティストとしての地位を築いたＹＯＡＳＯＢＩだったが、シングルCDを出さずに首位を獲得したのは初めてのことだった。その後も、ヒットを連発している。

一般的に、アーティストは自分の恋愛経験や日々の体験をもとに作品を作ることが多い。が、ＹＯＡＳＯＢＩは異なる。「小説を原作」にして楽曲を作っているのだ。

どれだけ才能があるアーティストでも、自分の体験だけがアウトプットの源泉だと、やがてネタは枯渇する。40歳や50歳になるまで曲を作っていたら、ネタ切れを起こすことは当然ありうる。

しかし、ＹＯＡＳＯＢＩは、小説を原作としているため、無限に作品を生み出すことができる。自分の体験は有限でも（例えば、恋愛を自分で体験できたり、友人の経験談を聞いたりしたとしても多くて数十くらいだろう）、小説となるとネット隆盛の今、オンライン上に無限に楽曲の「原石」が転がっている。

だから、ＹＯＡＳＯＢＩには「ネタ切れ」という概念がないのだ。永遠に楽曲を生み出し続けることができる。しかも、楽曲のネタとなる小説は若者が作っているため、若者だけが持つ感性を取り入れた楽曲制作が可能だ。

また、彼らは、アニメーションをつけて配信している。第1弾の「夜に駆ける」のアニメーションは、当時、東京藝術大学に在学中だったクリエーター・藍《あい》にいなが制作したものである。

原作は小説、アニメーションはアニメーター、作詞作曲はAyase、歌い手はikura、というように、すべてのパートが分業されており、この仕組みが大ヒットの斬新な「メカニズム」の一つだと考えられる。

さらに、ここから今後の「楽曲のヒットの法則」を考えてみよう。

このYOASOBIのメカニズムは、これからもヒットを出し続ける可能性が高い。優良なクリエーターとつながっていると、原作となる小説、アニメーションは、世界中から募集できるため、「最高のもの」を選択できる可能性があるからだ。いずれカナダの小説を原作とし、イギリスのクリエーターと共同で作詞作曲し、中国のクリエーターがアニメーションを作成、YOASOBIが英語で歌うというパターンが出てきてもおかしくない。

一度大きなヒットが出ると、世界中のクリエーターからオファーが来るだろう。自分の能力だけではなく、世界中の能力を使うことができれば、ヒットを連発できる可能性は高くなる。

ちなみに、すでにK－POPでは、作詞・作曲・アレンジは世界中のクリエーターから募集してスクリーニングを行っている。

そのためBTSのような世界レベルのアーティストになると、世界中から音楽の提供があり、そこから「最高のもの」を選ぶことができる。勝ち組に最も優れた楽曲が提供される仕掛けができている。

YOASOBIのメカニズムを解明すれば、今後も同じようなアーティストが出てくることが予見できる。またヒットするには、世界中からアニメーション、原作となる小説、作詞作曲を集められるプロデューサーの役割が大きく影響することも想定できる。

このメカニズムから考えると、BTSも、YOASOBIもヒットを続けるはずだ。そして同じようなタイプのアーティストがこれからも出てくるはずである。

ただし、同じようなアーティストを作り出そうとする際には、プロデューサーが鍵を握る。つまり、世界中のクリエーターや、彼らが生み出す作品を「統合」できる優秀なプロデューサーが存在するかが決め手になるという仮説まで考えられる。

さて、最初に投げかけた問いに戻ろう。

「YOASOBIを超える音楽ユニットのコンセプトを来週中に考えてほしい」

ここまで解説した内容が頭に入っていれば、何らかの仮説が湧いてくるような気がしないだろうか。

私がこのような発想ができるのは、

――そもそもYOASOBIという音楽ユニットを知っている
――彼らの楽曲の制作方法を知っている
――彼らのMV（ミュージックビデオ）の制作方法を知っている
――K-POPの楽曲制作の方法を知っている……

からである。

ありていに言えば、「単に知っているから」仮説が湧くのだ。

知っていることは、すぐに思いつける。

この重要性に気づくことが、瞬考ができるようになるための第一歩である。

さまざまなデータや事象をインプットして、そこから何らかのメカニズムを解明すると、仮説が湧き上がってくる。

まとめ01

知っていることは、すぐに思いつける。それが瞬考実践の第一歩である。

丸腰で飛び込んだコンサルティング業界

「コンサルタントとしてバリバリ活動していたような人で、もともと才能があったから、仮説が瞬時に湧くのではないか」と思われる読者もいるかもしれないが、それは誤解である。

理系の大学院を卒業し、横河ヒューレット・パッカード（現在の日本ヒューレット・パッカード）というメーカーで数年間、システムエンジニアを経験した後、うっかり戦略コンサルティング会社のボストン コンサルティング グループ（以下、BCG）に転職してしまったのは、30歳の誕生日だった。

同期は、銀行や商社など一流企業出身者ばかり。

しかも、ほぼ全員が海外の名門ＭＢＡホルダー。

留学もせず、経営や経済に関して無知のまま丸腰で入社したのは、私だけだった。

かなりまずいところに入社したと後悔したが、時すでに遅し。

2ヶ月間、ろくにプロジェクトにもアサインされなかった。

「会社側もきっと何かの間違いで採用してしまったのに違いない」「このまま戦わずしてクビになるのではないか」と思っていたときに、アサインされたのは機械メーカーの新機種開発プロジェクトだった。

開始早々、プロジェクトマネージャーがメンバーに聞いた。

「まだ始まったばかりだけど、どんな新機種を開発するべきか、何か大胆な仮説はある？」

大胆な仮説……普通の仮説もあまり湧かないのに、大胆な仮説は湧いてこない。

「まぁ今の時点の仮説なんて、色々と調べるうちに変わるから。頑張りましょう」とマネージャーはあっさり言っていたが、私は途方に暮れていた。

前職のメーカーでは、言われたことを粛々とやることしか経験していなかったので、仮説なんぞ意識して考えたこともなかった。

この会社では仮説とやらを考えなきゃいけないのか……。

これが、仕事で最初に仮説を求められた記念すべき日である。

転職したのも、「コンサルタントになりたい」という明確な理由があったわけではなく、友人のふとした一言がきっかけであった。

アンダーセンコンサルティング（現在のアクセンチュア）に在籍していた高校時代の友人のH君から、「BCGがIT分野に詳しい人を探しているらしいから、応募してみては」と教えてもらった。

「転職するなら、H君が所属しているアンダーセンやIBMとかシステム系がいいのではないかなぁ？」と反論してみたものの、「ITに詳しいのは、IBMにもアンダーセンにもいっぱいいるから、埋もれてしまうぞ。それよりそんな人材が少ないところに行ったほうがいいよ」。H君は、そう言い放って帰っていった。

とはいえ、どうやって応募していいかもわからない。

ＢＣＧが何をしているかさえ、大して知らなかった。

ところが、数日経って眺めた新聞の求人欄にＢＣＧのコンサルタント募集の広告が載っていた。今では新聞に求人欄などほとんどないが、当時は多数の求人広告が載っていたのだ。

履歴書を送ると、程なく面接が設定された。何を聞かれるか、どう対応するかなどまったく考えておらず、丸腰で面接に臨んだものの、粛々と面接は進み、合計すると7人から面接されることとなった。最後の面接官とは討論のようになってしまい、「これはまずかったかなぁ」と思ったものの、何がよかったのかよくわからないまま、ＢＣＧからオファーレターが自宅に届いた。

いまだに何がよかったのかは、わからない。

後日オフィスに出向いて、さっさとオファーレターにサインして、転職を決めてしまった。即サインしたら、リクルーティング担当の女性が少し驚いた表情を見せた。「マッキンゼーとかは受けてないのですか？」と彼女から聞かれたので、「受けておいたほうが、いいでしょうか」と真面目にそう思い、聞き返してみたが、「いいえ、その必要はございません」とサインしたオファーレターを持って行ってしまった。

当時多くの候補者がしていたように、マッキンゼーをはじめ、他のコンサルティングファームの面接結果を受けて、意思決定すると思われたようである。

後に、自分がBCGのリクルーティングを担当するようになってからわかったことだが、オファーレターをもらって、即サインする人は、私の在任中には誰もいなかった。

こうして、なんだかよくわからないままに、入社を決めてしまった。

まとめ02

丸腰でコンサルティング業界に飛び込んだ人間でも、仮説は湧くようになる。ポイントを掴めば、どんな人でも、仮説は湧くようになる。

仮説本を何冊読んでも仮説を思いつけるようにはならない

当時、ＢＣＧの転職組の同期よりも、はるかに後れを取っていると認識していたので、暇さえあれば、経営関連の本を読んでみた。

今では仮説本はたくさん出ているが、１９９５年当時、そんな類の本は見当たらなかった。

しかし、仮説本を読んだからといって仮説がどんどん湧いてくるということは、まずありえない。

ＢＣＧからコンサルタントとしてのキャリアを始め、そこからドリームインキュベータの創業に参画し、社長も経験するなど、25年も戦略コンサルタントをやっていたので、人より仮説が湧いてくるスピードは早いとは思うが、仮説本や経営本を読んただけで仮説が湧くようになったとはまったくもって思えない。

それよりも、『会社四季報』を10年分丸暗記する（「四季報丸暗記」と名付けている）とか、『日経ビジネス』や『日経コンピュータ』『日経エレクトロニクス』などのビジネス雑誌の記事や、そこに掲載されている広告を精読したことのほうが、はるかに仮説構築力の養成には役に立っている（なお、「四季報丸暗記」は意味があると思って実践したのではなく、諸般の事情でたまたまやっていただけだった。しかし、この偶然が私のコンサルタントとしてのキャリアを支える礎になった。詳細は後述する）。

広告は、その時々のマーケット状況を反映するので参考になるし、ビジネス雑誌にはとにかく事例がたくさん載っている。言ってみれば、これらは「事例の宝庫」であり、それらをインプットすることが仮説構築力の源泉となる。

「四季報丸暗記」で、企業のデータが頭の中に格納されることは、仮説構築において非常に重要である。

たくさんの事象や事例をパターン化して頭に格納していると、仮説が湧きやすいからだ。多数の事例を格納した後に、仮説本を読むのと、頭の中に事象も事例も大してインプットされていない状態で、仮説本を読むのとでは大きく効果が異なる。

ＡＩもたくさんのパターンを覚え込ませるほどに精度の高いアウトプットを導き出すように、たくさんの事象を頭にインプットしておかないと、新たな事象に対して仮説は出ないのである。

そういう意味でも、頭の中にどれだけ事例や事象がインプットされているか。それをどのような形で整理しているかによって、仕事のスピードは大きく変わる。

ちなみに、このようにある事象、事物、自分の知識や経験を「何か似ているもの」にたとえることを「アナロジー」という。別の表現をすると、一見無関係な二つのものを見つけて、そこに関係性を見つけるということである。

アナロジーというのは仮説構築において非常に重要である。

一見、別のことと思える二つのものに共通のメカニズムが隠れていることは、よく存在する。

メカニズムを発見し、そのメカニズムをインプットしていくことで、さらにアナロジーがしやすくなっていく。

仮説構築をより強固なものにし、スピードアップすることができる。

まとめ03

仮説構築力の源泉となるのは、インプット。
アナロジーによってメカニズムを発見し、蓄積していくことが重要。

エンジニアリングとコンサルティングの共通点

私がBCGに転職した頃、エンジニア出身の戦略コンサルタントは比較的少なかった。

かつてマッキンゼーの代表をされていた大前研一氏もエンジニア出身だったが、一般的にエンジニア出身は少数派だった。どちらかというと、商社や銀行、保険会社、通産省・外務省の官僚、メーカー、その中でも業務系・営業系出身の人材が多かったように思う。

しかし、コンサルティング業界に飛び込んでしばらく経って気づいたことだが、エンジニアリング的思考は、コンサルティングの思考と非常に似ている。

エンジニアリングの基本的な考え方を知っておくことは、ビジネスパーソンとして、大きな差別化となるはずだ。

コンサルティングとエンジニアリングで最も似ている部分は、「データや事実に基づいて議論を行うこと」である。

一般論だが、お客様は、その業界において多くの経験をされているため、普段はその経験に基づいて、経営の意思決定を行っている。

しかし、外部の人間であるコンサルタントは、その会社での実経験があるわけではない。長年、常駐していたりすると別だが、コンサルタントはよくも悪くもその会社での実経験はない。

そのため、コンサルティングでは、データを客観的に収集し、インタビューにより客観的な事実を集め、それらを並べてクライアントと議論することになる。上司・部下のしがらみも利害関係もないため、ファクトベースで、本音で議論を行う。

実は社内のメンバーだけだと、この「本音の議論」はやりにくい。空気を読まず、上司に本当のことを言ったら、飛ばされてしまったというのはよくある話だ。

データや事実に基づき、客観的に議論するのはコンサルタントの付加価値の一つである。

若くても戦略コンサルタントとして通用する部分があるとすると、事実に基づいたデータの収集と客観性である。

エンジニアリングも同様で、データをコツコツ収集し、そこから仮説を見つけて、検証を行う。多数のインプットデータに対し多数のアウトプットデータが出てくるわけだが、なぜそのようなアウトプットになるのか、そのメカニズムを解明し、数学的にモデリングし、さらに新たなデータで検証する。

データ収集→仮説→モデリング→検証→仮説修正→検証……の繰り返しである。このデータ収集→仮説→検証の繰り返しは、コンサルティングで行われていることと、大きくは変わらない。

コンサルタントの元祖ともいうべき、科学的管理法を確立したフレデリック・テイラー氏がハーバードの法学部に入学しながらも中退し、その後、技術者として成功したことを考えると、当たり前なのかもしれない。

この「事実に基づいたデータの収集と客観性」という観点で非常に参考になる書籍がある。『ホリイのずんずん調査 かつて誰も調べなかった100の謎』（文藝春秋）という書籍で、堀井憲一郎氏というコラムニストによる『週刊文春』の連載を単行本にしたものである。

BCGに転職した直後、かなりの苦労をしていたのだが、先輩のIさんが、「『ホリイのずんずん調査』のような分析をやったら、結構盛り上がるよ！」と張り紙を掲示板に出していたのを見かけて、『週刊文春』を買って読んだのがきっかけだった。

戦略コンサルティングの仕事は、なんだかよくわからないうちに始まり、約3ヶ月など決められた期間内に最終報告という報告書を出す。それでもって、結構な金額をいただく仕事だが、ドキュメント以外に製作物があるわけではない。

当時30歳そこそこの私が、大企業の経営トップに戦略の話ができるわけがなく、コンサルタントとしてどうやって付加価値をつけるのかについては、まったく謎であった。

すべてが謎のまま、うっかりBCGに入社してしまったので、当然悪戦苦闘し、大いに悩んでいたところで出会ったのが、『ホリイのずんずん調査』であった。

当時は、すべてにおいて同期に一番後れを取っていると自覚していたので、なんでも素直にやってみるということがよかったのかもしれない。『週刊文春』で連載されていたコラムを読んで、「なるほど、コンサルタントとして付加価値をつけるというのは、こういうことか」と目から鱗が落ちた。

私がBCGに入社したのは1995年10月。その当時から、堀井氏のコーナーが連載されており、2011年まで16年間、いろんな調査結果が掲載されていた。

これが生半可な調査ではなかった。

絶対に足で稼がなければ得られない調査結果だったのだ。

しかも調査結果だけでなく示唆まで出しており、もはやコンサルタントがクライアントに提出する報告書レベルのものである。

一番衝撃を受けたのは、吉野家の各店舗における牛丼のつゆの量を調べる調査だ。

内容としては154店舗回って、各店舗で提供される「並」の牛丼に入っているつゆの量を調べ、分析する回である。挙げ句の果てに、吉野家の本部に分析結果とデータを持参し、並しか頼んでないのに、店舗によりつゆの量が大きく違うことを指摘していた。

吉野家の社長はもちろん、専務や常務も知らないかもしれないことを、現場を回って調べまくるわけだ。

「これか！　これだったら俺でも頑張ればできる！」

現場で起きている事実は、経営陣は知らないことが多い。

彼らが知らないことは、価値になり得る。

これを集めることができるのは、外部の人間であり、体力もある若いコンサルタント、つまり、私のことだ、ということで、『ホリイのずんずん調査』を読み漁り、「よい分析とは何か」を考えながら、試行錯誤した。

コラムの連載は、2011年に終了してしまったが、先に触れたように書籍となっていて、今でも時々読み返す。読めば読むほど分析の面白さが感じられる名著である。

若者が、クライアントの経営層に経験でものを語るのは難しい。

だが、足で稼いだ現場の情報とその分析から導き出した仮説を話すことができれば、十分に対峙できる。相手も話を聞いてくれるようになる。

『ホリイのずんずん調査 かつて誰も調べなかった100の謎』は、それを教えてくれるヒントが隠れているので、調査や仮説出しに悩んでいるコンサルタントはもちろん、それ以外のビジネスパーソンが「相手が知らなくて、かつ、知るべきこと」の仮説を出すうえでも参考になると思うので、ぜひ多くの方に読んでみてもらいたい。

「相手が知らなくて、かつ、知るべきこと」の仮説を捻り出すのが、瞬考の一つのポイントとなる。

この点も含めて、瞬考のポイントを第2章以降で深く解説していこう。

まとめ04

「相手が知らなくて、かつ、知るべきこと」の仮説を捻り出すことがビジネスパーソンとしての付加価値である。

第2章

一瞬で仮説を はじき出す「瞬考」

瞬考のポイント

「自分自身で鋭い仮説を生み出す」瞬考の要諦をお伝えしておこう。
それは次の6つである。

1 求められる仮説とは「相手が知らなくて、かつ、知るべきこと」を捻り出すこと

2 仮説構築をするためには、事象が起きたメカニズムを探る必要がある。メカニズム探索では、「歴史の横軸」「業界知識の縦軸」そして、その事象が起きた「背景」を意識する

3 導き出した仮説を「メカニズム」として頭の中に格納し、それらをアナロジーで利用する

4 事例などのインプット量が仮説を導き出す速度と精度を決める

5 「一を聞いて十を知る」人ではなく、「一を聞いて十を調べる」人が仮説を出せるようになる

6 あらゆる局面でエクスペリエンス・カーブを意識する

これら6つを、これからの人生で意識、実践していけば、どんなお題を出されても、瞬間的に仮説をはじき出せる人材になっているはずである。

詳細は本書の中で詳しく解説していく。ちなみに、1ができるようになれば、コンサルティング会社でパートナーになることができるくらい、スキルとしては高度な内容である（パートナーになるとは、コンサルティング会社の共同経営者になる、ということだ）。

これらが瞬考のエッセンスである。

本書の中でたびたび登場することになるが、それくらい重要なポイントであることを認識したうえで、読み進めていただきたい。

この重要性を心の底から理解できたときには、「あなたがやるべきこと」が明瞭に

見えているはずだ。

まとめ01

瞬考の要諦を頭に叩き込み、常に意識する。

これができれば、コンサルティングファームでパートナーになれる

瞬考を実践するうえで、根幹となるポイントからお伝えしたい。

それが前節で紹介した、

――求められる仮説とは「相手が知らなくて、かつ、知るべきこと」を捻り出すことというものである。これは、ＢＣＧ時代に当時の同僚、Ｓさんが教えてくれたことである。これが私にとっては衝撃的だった。

「横軸に、クライアント（相手の社長）が知っていること、知らないこと。縦軸にクライアント（相手の社長）が知るべきこと、知る必要がないこと。我々は、クライアント

が知らなくて、かつ、知るべきことを捻り出すのですよ」

マトリックスにすると、左図のようになる。

「いくらこの話は、クライアントが知るべきだと確信していても、相手がすでに知っていたら、もう知ってるよ、わかったよ……ってなるでしょ。相手が知らなくて、知る必要があることを探さなきゃ」

なるほど、相手への示唆に結びつかなくては、ほとんど無価値なのか。

この「知る・知らないマトリックス」は目から鱗の発見だった。

「ところで、『知っているか否か』の境界線と、『知るべきか否か』の境界線は、どうやったらわかるのか？」と聞いてみたが、「それがわかったら、もうパートナーになれますよ」と言って、教えてくれなかった。

随分と後になって、境界線を知るには、なるべくたくさんの経営者やクライアントと会って話さなければ、いつまで経ってもその境界線はわからないことに気づくのだが、当時は教えてもらったマトリックスに感動して、そこまで頭が回らなかった。

図1 知る・知らないマトリックス

■ 相手が何を知り、何を知らないかの境目
■ 何を知るべきで、何を知らなくてもよいかの境目
↑
Aをねじり出すことが大事だが、境界がわからない

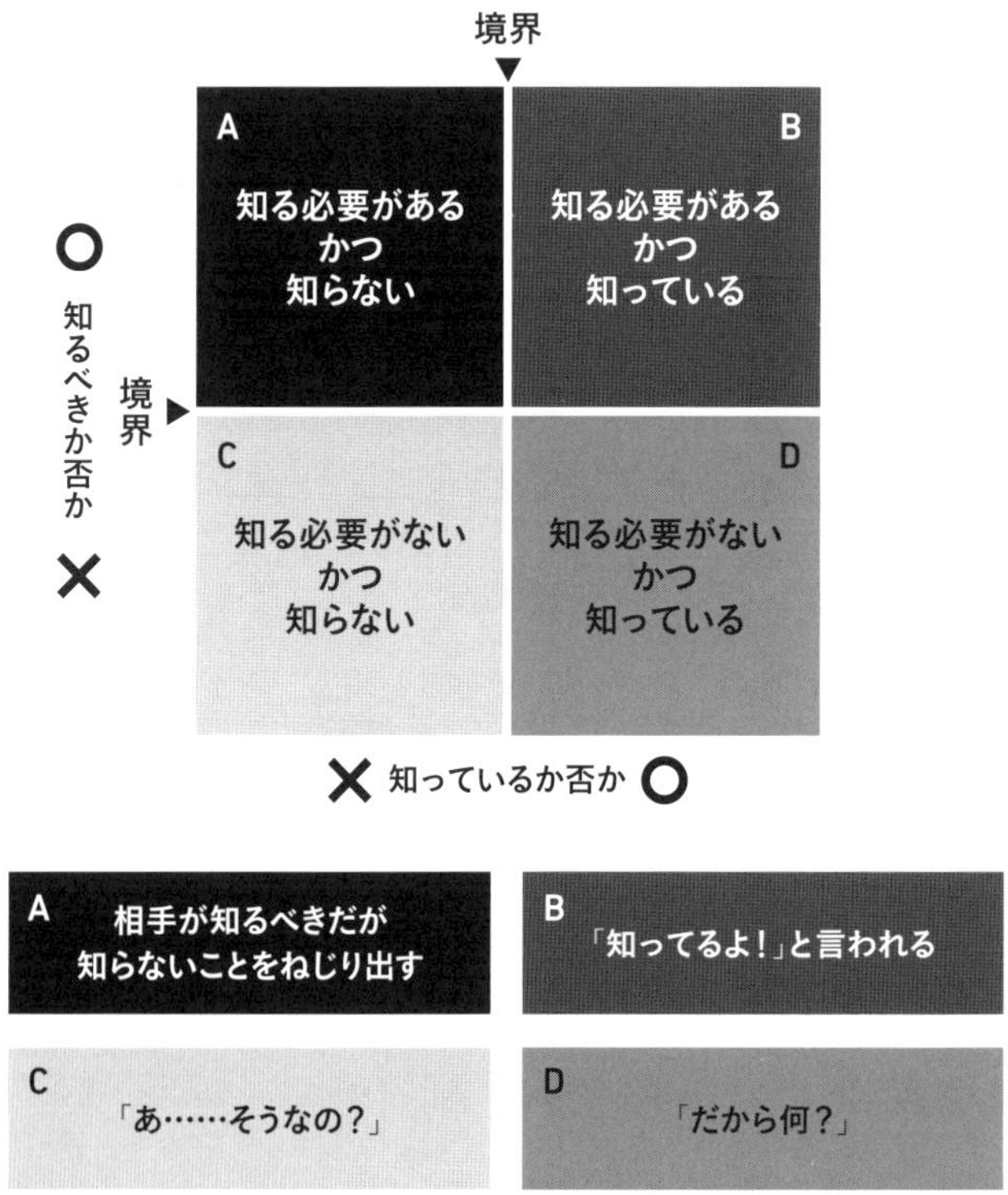

「それがわかったら、もうパートナーになれますよ」という一言は、今になって振り返ってみると、的を射た表現だったと思う。

というのも、コンサルティングをしていて最大の難関となるのが、「相手が知らなくて、かつ、知るべきこと」を把握することだからだ。

そもそも、クライアントは、その業界で何年何十年もの経験を積んでいる、その道のプロフェッショナルである。高い役職の方も多い。場合によっては、相手が役員や社長である（私がコンサルタントになったばかりの頃は、役員や社長が話し相手であることが非常に多かった）。

コンサルタントの仕事は、彼らに向かって、「相手が知らなくて、かつ、知るべきこと」を伝えることなのだ、と書けば、「境界線を知る」というハードルの異常な高さを理解してもらえるのではないかと思う。

私自身もここでつまずいた。

戦略コンサルティングである以上、経営トップと話さなくてはならない。

ＢＣＧに転職する前のシステムエンジニア時代には、ＩＴ部門の課長と話をするのが精一杯だったため、クライアントである年の離れた常務や専務にインタビューするというのは、苦痛以外の何ものでもなかった。

データ分析は得意だったが、クライアントの偉い方と話すのは、とても怖かった。

そんなとき、ある大手ソフトウェア会社の常務に一人でインタビューすることになった。

まずいことになった。

一人で行くのは嫌だ。

まだ30過ぎの若造が、50を越えた経験豊富な方に話を聞けるのだろうか。

躊躇していると、当時のパートナーからこう言われた。

「君は、行くのが嫌なのだろう。そんなことしていると自分の限界は広がらんぞ。君がボールの中に入っていて、ボールが限界の壁だとしよう。触ろうとしないと、ボールの大きさはそのままだ。しかし、触ろうと努力すると、不思議なことに限界の壁はどんどん遠くに行き、やがて限界は広がっている」

結局、嫌々ながら、一人で行くこととなった。私は事前準備を綿密に行い、その常務にお会いした。結局大したことは何一つ聞けなかったが、準備したことには意味があった。その常務は、私の質問に15分くらい付き合ってくれて、その後は世間話になった。以前開発をやっていたこと。システムエンジニア時代に常務の会社のソフトウエアを使っていたこと。たわいもない話であったが、使ってみた感想などを話したような記憶がある。

案ずるよりも生むが易し。

初めてのエグゼクティブへのインタビューは無事終了した。こうなると、二人目、三人目と回数を重ねていれば、徐々に慣れてくる。

1年もしないうちに、恐怖感は徐々になくなっていった。

また経験を積み重ねるうちに、「社長というものは、大きい企業の社長でも、中堅企業の社長でも、小さな会社の社長でも、トップの知っていること、知らないこと、知りたいと思っていることの大きな違いはないんだな」ということがわかってきた。

研究では、サンプル数を増やすとより正確なデータが取りやすくなるが、それと同じように、社長（との会話）のサンプル数を増やすと、彼らが考えていること、彼らに伝えるべきことがだんだん正確に見えてくるのだ。

私がBCGに転職した頃は、東京事務所の従業員数はコンサルタント、スタッフ含めて100名以下だった。

それくらいの人数だと、否が応でも企業のトップ層と会話をする機会と遭遇することになる。なので、好むと好まざるとにかかわらず、クライアントの社長や役員と話す機会がたくさんあったが、今はコンサルタントの数が爆発的に増えてしまっている。そうなると、企業のトップと仕事をするチャンスを持つことはかなり難しくなっているはずだ。

本来、コンサルタントは彼らに対する提言をしていく職業だと私は思っているが、そのチャンスがないまま年数を経て、いきなり「明日、あそこの会社の社長のところに行って話してこい」と言われても、何を話していいかまったくわからないのではないだろうか。

実際に会って、話す回数を増やすことでしか、経営者が「知らなくて、かつ、知るべきこと」は見えてこない。

ドキュメンテーション作業だけに埋没するのではなく、若手の頃から、経営者と話すポジションをどうやって取っていくかは考えておいたほうがよいだろう。

「相手が知らなくて、かつ、知るべきこと」を捻り出すことは最大の難関だと記述した。

最大の難関であるということは、「相手が知らなくて、かつ、知るべきこと」を瞬間的に捻り出せるようになることが、コンサルタントとしての一つのゴールである。

なお、「知る・知らないマトリックス」はコンサルタントだけに役立つものではなく、すべてのビジネスパーソンが、あらゆる局面で意識すべきものだと思っている。

なぜなら、マトリックスにおけるこの境界線を考えることは、企業に対するコンサルティングだけでなく、プロジェクトマネジメント、人的ネットワークの拡張、個人のキャリアのポジショニング戦略、インプットの基準……あらゆる局面で役に立つからである。

ここでは、ひとまず、このマトリックスにはそれくらいインパクトがあることを認識してもらいたい。

まとめ02

「知る・知らないマトリックス」をどんな場面でも意識する。
経営者が「知らなくて、かつ、知るべきこと」は実際に会って、話すことでしかわからない。

仮説は「メカニズム」と「アナロジー」から生まれる

プライベートにおいても、ビジネスにおいても、そして社会全体においても、現在起きていることには、過去に行ってきた（起きてきた）ことと何らかの因果関係、すなわち「メカニズム」が存在する。

最近の自然災害の増大も、企業の業績の浮き沈みも、産業の新陳代謝も、何らかのメカニズムが働いて物事が起きている。

メカニズムはいくつもの構成要素の因果関係によって作り出されており、それを解明できれば、仮説が自然と湧くようになる。最適な打ち手を講じることも可能となる。また、解明したメカニズムからの類推で、今後何が起きるかを、見通すことができるようになる。

メカニズムの構成要素を大雑把に分けると、次の三つである。

1 過去に行ってきた活動の累積
2 取り巻く環境（社会、競合、自分の能力）の変化
3 現状の打ち手

その結果が、「現在起きていること」である。

3現状の打ち手→「現在起きていること」に直結しているわけではなく、1過去に行ってきた活動の累積や2取り巻く環境（社会、競合、自分の能力）の変化が、さまざまな影響を与えている。

過去は同じ打ち手でもうまくいっていたのに、現状うまくいかなくなっているとすると、2取り巻く環境（社会、競合、自分の能力）の変化と3現状の打ち手がミスマッチしている可能性がある。

「ビジネスは、環境変化を捉えて、打ち手を講じるべし」という趣旨の言葉をよく耳にすると思うが、まさにこのことである。

加えて、多くの場合、過去に行ってきた活動の累積が、変化に気づくことの邪魔をする。たとえ変化に気づき、打ち手を実行しようとしても、過去の経験の呪縛に囚われて、対策が打てないことがある。

過去の成功体験が大きければ大きいほど、2取り巻く環境（社会、競合、自分の能力）の変化への気づきや、3現状の打ち手への制限となることが多い。

すなわち、構成要素同士が、それぞれ影響を与え合っているわけだが、これも「メカニズム」である。

過去の成功体験に縛られて、新たな打ち手が実行できなかったパターンは、企業だけでなく、個人においても多数存在する。そして、まったく違う業界でも、同じようなパターンを見ることがある。

このような発想がアナロジーである。

メカニズムを発見するには、多数の構成要素を頭に入れて考えなくてはならないが、メカニズムのパターンを多数インプットし、頭に入れていると、アナロジーによる思考が働き出す。

「これは、あのメカニズムと同じパターンだ。だとすると次にこんなことが起きるぞ」

「このまま打ち手を変えないと、まずい結果になるぞ」


アナロジーによってこのようなことが予測できる。

アナロジーの経験が増えるたびに、瞬間的に豊かな発想が思いつくようになる。

物事のメカニズムを把握し、そのメカニズムを頭に格納していく。

発見したメカニズムが増えていくと、アナロジーが利くようになるので、一瞬で仮説が湧くようになる。これが瞬考である。

瞬考ができるようになると、ビジネス課題の解決策がすぐに見えてくるだけでなく、次にどのようなことが起こりうるか、つまり、未来予測ができるようになる。

まとめ03

現在起きているすべての物事にはメカニズムが存在する。そこに仮説構築のヒントが眠っている。

瞬考を行うには、インプット、インプット、インプット

瞬考の土台となるのが「インプット」だ。

しかし、インプットの作業は地道なものだ。

そのため、ほとんどの人はインプットを怠り、結果を先に求めてしまいがちである。

けれども、情報が大して頭に入っていない中では、仮説は湧いてくるはずがない。

事例を多数インプットし、仮説構築の土台となる「思考の糠床」「思考のランドスケープ」を作る作業をしていれば、そのうちぼんやりと全体像が見えてくるのだ。

全体像が見えると、メカニズムも見えてくる。

メカニズムが見えない場合は、インプットが足りないことがほとんどだ。

インプットで全体像が見えてくるということを、「卒論」を例に解説しよう。

大学の卒論や修士論文には、卒業していく先輩の研究を引き継ぐパターンと、自分で一からテーマを見つけるパターンが存在する。

前者はすでにテーマがあるので、何をやるかもはっきりしている。

一方、後者は大変だ。「テーマを決める」というのは非常に難しいことだからだ。テーマを考えるだけで時間が過ぎていく。

私が大学時代に在籍していた研究室の教授は、「何を研究してもいいから、自分でテーマを決めろ」という先生だった。

これは当時学生だった私にはすこぶる苦痛だった。

研究室に配属される3回生の終盤まで、試験勉強を一夜漬けでやっている程度だった私は、高校3年生から大して進化のない脳みそを振り絞って、研究テーマを考えたが、間抜けなテーマしか出てこなかった。

他の研究室の学生は、先輩のテーマを受け継いで着々と研究が進んでいる。

毎日、時間だけが過ぎていくのがとても怖かった。

このどこから手をつけていいかわからない感覚は、システムエンジニアを辞めて、

ＢＣＧに入社し、戦略プロジェクトにアサインされたときとまったく同じものだった。何から始めればいいのか、さっぱりわからないのだ。

要は、インプットをしていなかったため、「全体像が見えていない」状態だったのだ。結局、適当なテーマを助手の先生と相談して決めて、それを卒論にして提出したのだが、このとき瞬考の方法を知っていれば、もっと色々とできたのではないかと今となっては思う。

もし、今からやり直せるのなら、以下のようにする。

2回生までに基礎の学科は習得し、3回生では自分の専攻分野の論文を多数読む。すなわち、「論文を読む」というインプットをすることで、全体像を把握できるようにする、というわけだ。論文を読み漁ると、世界の誰がどのような研究をしているかが大体わかってくる。

「最近はこのあたりのテーマが流行りなのだな」とか、「このあたりの研究テーマはブームが終わって閑散としているな」などのように……全体像がぼんやりと見えてくるはずだ。

最近脚光を浴びているＡＩについても、過去の論文を読むと、何度かブームを繰り返していることがわかる。

全体像がわかれば、自分はどのあたりをテーマとして考えるべきか、どこにテーマのチャンスがあるか把握できる。

つまり、瞬考をするには、まずは当該分野のインプットを多数しなくてはならない。インプットがない中で、うんうん唸って考えていても、何も出てこない。とにかくインプットを行う。そうすると、ぼんやりと全体像が見えてくるのだ。

私は、ドリームインキュベータを退職後、さまざまな理由があって、韓国のＫ－ＰＯＰアーティストの権利に投資を行うことになったのだが、そのときも、Ｋ－ＰＯＰでベスト30位に入るアーティストのヒット曲を一通り聴いて、全体像の把握から始めることにした。

韓国では、Ｋ－ＰＯＰアーティストのブランドランキングが30位くらいまで毎月発表されている。それらのアーティストの持ち歌を片っ端からSpotifyやYouTubeで聴くという地道な作業だ。

グループ30組だと、それぞれのヒット曲を10曲聴いたとしても３００曲だ。

Ｋ－ＰＯＰはそれまでほとんど聴いたことはなかったが、３００曲くらい聴くと、「どういう曲が売れるのか」という傾向が見えてくる。

そのうえで、作詞・作曲・編曲のメンバーまで調べてみると、「このアーティストは楽曲はいいが、映像が弱い」という傾向やその逆もあるなど色々なことがわかる。

それぞれ曲ごとに著作者をエクセルに入力し、並べてみると「この著作者のときはヒットする」という傾向が出てくるかもしれないし、または「著作者とヒットの傾向はまったく関係ない」という結果が出るかもしれない。

私が分析してわかったことの一つは、日本と違って、曲作りに関わった人数が非常に多いということだ。作詞に数名、作曲に数名、プロデューサーが数名。

ほとんどLinuxの開発と変わらないではないか。

世界から有能なクリエーターが集まって曲を作っていることがわかった。

このように分析して出てきた結果は、自分の力で導き出した、自分だけが知っている、オリジナルのメカニズムである。

コンサルタントになった頃も、色々と集めたデータは、アルバイトの方に入力してもらわず自分で入力するようにしていた。表計算ソフトに入力する際に、データを噛み締めながら打ち込んでいると、ぼんやりと全体像がわかるからだ。すべて他人に入力してもらったデータを眺めてみても、大した仮説は浮かばないが、自分で入力していると、全体像が見えてきて、ぼんやりと仮説が浮かんでくる。

同じデータでも、単にディスク上に存在するのと、頭に叩き込んでいるのとでは、仮説を出すうえでは大きな違いがある。

データがある程度頭に入ると全体像が見えてくる。

全体像が見えると、分析対象となる会社や人間のポジショニングも明確になる。

過去に島田紳助氏が、「明石家さんまほど、自分は面白くないし、オール阪神・巨人やツービート、B&Bのような天才的な漫才はできない。ではどこで自分はポジションを取るか？」を、徹底的に考えたという話をしていた。

彼はとりあえず、面白いと思う漫才コンビのビデオを全部録画し、分析することで、ボケとツッコミ、落ちのパターンを分析したそうだ。

これも全体像を把握したうえでの瞬考である。

芸能界でも、それぞれポジションがあって、そのポジションに君臨するトップがいるが、その牙城を崩すのは大変だ。

しかし、たまに、せっかく築き上げたポジションを捨てて、違うところに新規参入する芸能人もいれば、突如引退したりすることもある。

インプットをしながら全体像を把握し、ポジション戦略を虎視眈々と練っておけば、そのすきに、空いたポジションに滑り込むことはできる。

浜崎あゆみのポジションに、いつの間にか西野カナが座っていたり、木村カエラのポジションにきゃりーぱみゅぱみゅが座っていたりするわけだが、全盛期にガチンコで勝負するのは大変難しい。

ビジネスの世界に目を転じると、コンサルタントも、昔と違って凄まじく人数が増えているため、他の人材と同じような実力であれば、ポジションを取ることは非常に難しいだろう。

芸能人でも、ビジネスパーソンでも、全体のデータを頭に入れて、そのうえでポジションを探さないと埋もれてしまう。

瞬考とは、さまざまなデータを頭にインプットし、そのデータを頭の中に並べながら、世の中や業界がどのように動いているのかの全体像を把握し、打ち手を考えることである。

そのためには、土台となるデータを頭にぶち込まなければならない。

データをインプットすることで、頭にランドスケープが描けなくてはならない。

まとめ04

インプットによって全体像を把握すると、仮説が湧いてくる。

事例が増えれば差分がわかる、差分がわかればメカニズムがわかる

インプットを増やすことによって、事例の共通部分、非共通部分が見えやすくなる。言わば事例の差分が見えやすくなる。

差分が見えやすくなれば、そこからメカニズムがわかる。例を挙げよう。

日本のテレビ局で放映されるドラマなどは俳優の「配役」を起点に制作が始まるのが一般的だ。

ドラマには原作が存在することが多いが、その場合は、原作をもとに配役を先に決めて、その後で脚本を決めることが大半だ。原作の漫画があって、そこに「主役は○○にする」と配役を決めて、それに沿って脚本を作っていくというイメージだ。

逆に、アメリカでは原作から脚本を考え、その後で、配役を決めるのが主流だ。

そして「パラサイト　半地下の家族」「イカゲーム」などが代表例だが、世界規模で成功する映像作品を続々と輩出している韓国は、昔は日本のように配役から決めていたが、今ではアメリカ型の制作が一般的になっている。

日本、アメリカ、韓国でこのように差分があるわけだが、これらの共通部分、非共通部分を解きほぐしていけば、「なぜそうなっているのか」というメカニズムがわかる。日本と、アメリカ・韓国のドラマ制作の差分の秘密を言ってしまうと、「グローバル化したかどうか」にある。

韓国のドラマや映画はもはや国内にとどまらず、世界規模で視聴されるのが当たり前になっている。そうなると、海外の視聴者からは、出演している俳優の韓国における知名度は関係ない変数である。

俳優の知名度や「この人が出ているから観よう」というよりは「原作が面白い」「脚本が面白い」というのが最重要視される。

そうなると、世界の人が面白いと感じる脚本が重要になるので、まず脚本を起点に制作が始まり、その脚本に最適な俳優をオーディションによって決定する。

一方、国内に閉じたドラマであれば、日本のように、配役から決めることになる。なぜかと言うと、日本国内で受けのいい俳優は決まっているから、そこから考えたほうが「受けのいい」ドラマを作りやすいからである。

このメカニズムを把握していれば、例に挙げた国以外での制作方法について、アナロジーで考えを深めることができるはずである。

これは非共通部分からメカニズムを導き出す例である。

共通部分からメカニズムを導き出すこともできる。

半導体関連の報道が増えているが、その中で注目を集め続けている一社にアーム(Arm)という、ソフトバンクグループ傘下の半導体開発会社がある。

ただ、アームは半導体を開発・製造するメーカーではなく、あえてわかりやすく表現すると、半導体の設計図を作って、売っている会社である。半導体メーカーというわけではない。

半導体メーカーからライセンス料やロイヤリティを徴収するかわりに、半導体の設計図を販売するというビジネスモデルである。

アームのビジネスでは、

――質のいい設計図を作る設計技師をいかに確保するか

――いかに売れる設計図を作るか

――過去に制作した設計図をいかに活性化して売っていくか

が経営戦略上、重要な論点となる。

アームと似ているビジネスモデルなのが、書籍の出版社と、音楽出版社である。

書籍の出版社であれば、

――人を感動させる物語、役に立つノウハウを書く作家をいかに確保するか

――いかに売れる本を作るか

――過去に制作した書籍（翻訳権などのＩＰ含めて）をいかに活性化して売っていくか

が重要な論点であるし、音楽出版社であれば、

―　質のいい楽曲を制作する作詞家、作曲家をいかに確保するか
―　いかに売れる楽曲を制作するか
―　過去に制作した楽曲をいかに売っていくか

を考えなければならない。

記述すると明らかだが、「似ている」というより、ビジネスモデルの構造としてはほぼ同じと言ってよい。

要は「新しい著作をいかに増やして、収益に変えていくか」「既存の著作をどう売っていくか」ということを、アーム、書籍の出版社、音楽出版社は行っているということだ。

また、取り扱っているのが「知的財産」という意味合いで共通しているので、事業構造だけでなく、売り物までほぼ同じなのだ。

よって、アームがいい設計技師を抱えるために工夫していることから、書籍の出版社がいい作家を抱えるためにやったほうがいいことを学べるかもしれないし、音楽出

版社が既存の楽曲を売るためにやっていることが、書籍の出版社が販促活動を検討するうえで参考になるかもしれない。

これが共通部分からメカニズムを考察する一例である。

このような発想は、日本、アメリカ、韓国のドラマ制作のインプットが頭の中に入っているからできることであり、アームのビジネスモデル、書籍の出版社のビジネスモデル、音楽出版社のビジネスモデルという事例を知っているからこそ湧き出てくるものである。

まとめ05

多くの事例を知っていると、共通部分、非共通部分からメカニズムがわかる。そのメカニズムを起点にして、豊かな発想ができるようになる。

「一を聞いて十を知る」人は、「一を聞いて十を調べる」人

少しの情報をインプットしただけで、あらゆる仮説が湧く。

極めて少数だが、そのようなコンサルタントも存在する。

「一を聞いて十を知る」ということわざを体現したような存在だ。

しかし、「一を聞いて十を知る」ことができるのは、「一を聞いて十を調べる」からできること、つまり、ことあるごとに調べものをする習慣がついていて、多くのデータが頭に入っているからこそ、十を知る、すなわち仮説をすぐに出せるのではないかと考える。

「一を聞いて十を知る」人は、すでにたくさんのことを知っている人だろう。

しかし、どんな人間でも、初めから博学なわけではないので、「一を聞いて十を知

る」人の正体は、「一を聞いたら、十を調べるクセがついている人」である。

何かわからないことがあったとき、その不明点を自分で調べて学ぶクセがあるか、新しい情報をインプットしたときに、その周辺知識まで目を向けて調べるクセがあるか、それとも何も調べないか。

一つのことを見つけても、そこで終わってしまう人もいるが、その周辺分野も興味を持って調べる人もいる。

「一を聞いて十を調べる」を繰り返している人と、そうでない人とでは、時間が経てば相当な差がつくのは当然である。

「一を聞いて十を調べる」習慣があれば、毎回調べた際の知識がコツコツと積み重なっていくことになるが、この積み重ねが累積経験として含蓄されていく。

差別化の本質の一つは、累積である。ワンショットではない。

実際に知識を含蓄した後でないとわからないことだが、長い時間をかけて累積的に積み上がった知識量には、他人は追いつけなくなっているはずだ。

ＢＣＧの創業者の一人、ブルース・ヘンダーソン氏が「経験をたくさん積むほどに仕事の効率がよくなる」ことをフレームワークにまで昇華したエクスペリエンス・カーブというものがある。

定説としては、2倍の経験をしたら、コストが80％になる（効率が2割よくなる）、4倍の経験をしたら、コストが64％になる、というのがエクスペリエンス・カーブの典型例とされている。

要は、他人よりも早い段階で経験を積めば、累積経験によってコストが下がり、競合が追いつけなくなることを言っているのだが、これはインプットが基盤となる瞬考では、非常に重要な話だと思っている。

「一を聞いて十を調べる」習慣を継続していけば、まったく別のものだと思っていた複数の事柄が急速につながりを持って考えられるようになるタイミングが、ある日、突然やってくる。

インプット量のクリティカル・マスのようなものがあって、それを超えると、あらゆる事象に興味が持てるようになるタイミングがやってくる。

そうなれば、日々接する情報が、脳内で火花を散らすようにつながりを持ち出す。

そういう体感ができれば、心の底から「インプットすることが楽しい」状態になれるはずである。

そもそも、アナロジーというのは、一見無関係な二つのものを見つけて、そこに関係性を見つけるということなので、手元の情報が少なければ、アナロジーの湧きようがないのだ。

逆に言うと、手元の情報が多くなればなるほどアナロジーの力が働き出す。

インプット量が増えていくほど、情報同士がつながっていくので、アイデアが出る速度も複利的に加速していき、出てくるアイデアの質も高まっていく。

インプット量が、仮説を導き出す速度とその精度を決めるのだ。

インプット量を増やす方法は、「一を聞いて十を調べる」ことである。

まとめ06

教養を深める方法は、「一を聞いて十を調べる」こと。

まずは「歴史の横軸」、そして「業界知識の縦軸」

ここまで瞬考におけるインプットの重要性を語ってきたが、ここからはインプットの具体的な方法論を語っていく。

物事をインプットするときに大事なことは、なるべく「歴史の横軸」を長く取ることである。長く取るほど、メカニズムは見えやすくなるからだ。

大学の試験でも、「歴史の横軸」を長く取ると、出題傾向にサイクルがあることが読み取れる。

その背景には、試験問題を作る先生の好みもあるはずだが、いつも同じ先生が作るわけではないので、そこには何らかのメカニズムが隠されている可能性がある。

コンサルティングにおいても、新たなクライアントと仕事をするときには、メンバー全員で社史を読むことから始める。社史を読めば、その会社のさまざまな成功体験、失敗体験を「歴史の横軸」を長く取って把握できるからだ。

そうすることで、クライアントの会社がどのようなメカニズムの思考に陥りやすそうか、どのようなことだとスムーズに進むが、どのようなことだとまったく進まないかということが、ぼんやりとわかってくる。

インプットのもう一つの軸が「業界知識の縦軸」だ。

これに関しては、業界誌を古いものまで読むことで、業界の歴史も併せて把握すれば、インプットとしての土台がよりしっかりしてくる。

「歴史の横軸」と「業界知識の縦軸」の二軸によるインプットの土台をしっかり作ることができれば、色々なインタビューにも行きやすい。

まったく無知な状態でインタビューに行くと、インタビュー相手からも嫌がられるし、「そもそも何をしにやって来たの？」という話になってしまう。

一方、クライアントの歴史、業界の歴史まで頭に入れていると、相手も知らないことがあるはずだし、調査の段階で何らかのメカニズムを発見している場合、それをインタビュー相手にぶつけてみることもできる。

もう少し上級編になると、周辺業界の歴史も併せて把握することで、クライアントの業界への影響や、これから起こりそうなことも予測できる可能性が高まる。

医者が患者の既往歴を把握するようなイメージだ。

今は、さまざまなコンサルタントが存在するので、コンサルティングの種類によっては、社史などは読む必要はないかもしれないが、システムならシステムの歴史、経営なら経営の歴史を深く知ることで、クライアントと目線を合わせることができる。

「そんなことをやって、コンサルティングになるのか？」と思われるかもしれないが、メカニズムを解明するには、全体像を幅広く把握しておく必要があり、会社と業界の歴史を深く把握することは不可欠である。

このように、瞬考を行うには「業界知識の縦軸」と「歴史の横軸」という、二つの軸を意識してインプットする必要がある。繰り返しになるが、どちらも、ある程度広く、長く取ることがポイントだ。

図2　狭い範囲でのメカニズム・広い範囲でのメカニズム

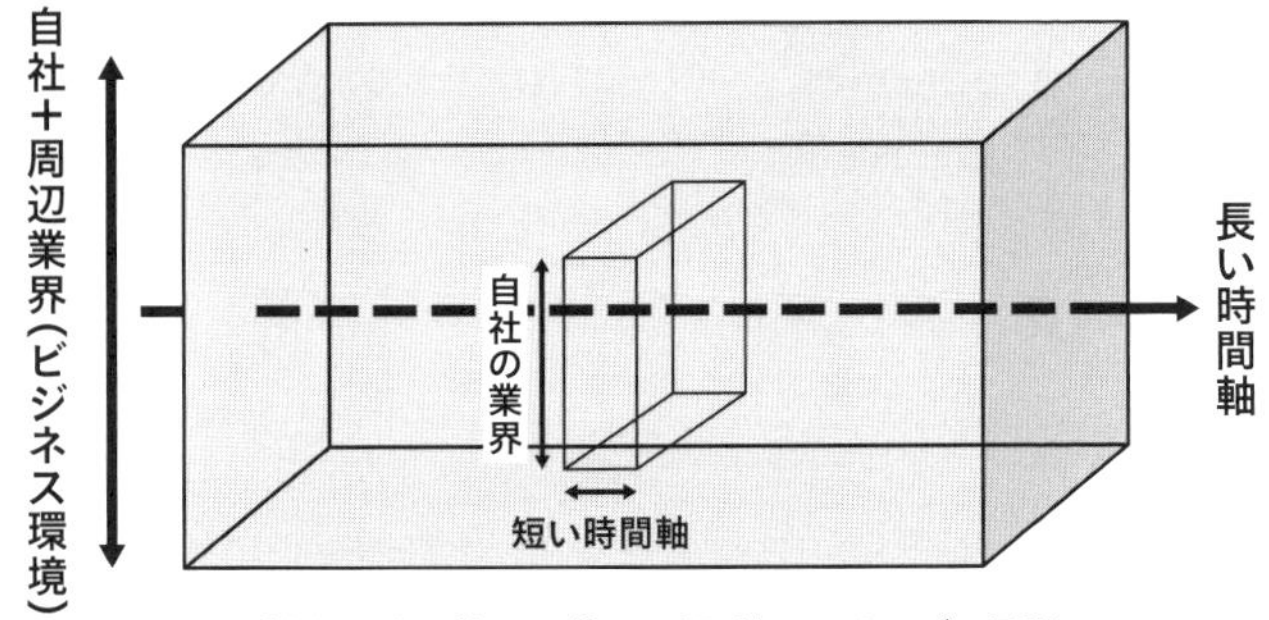

「自社の業界範囲」×「短い時間軸」のメカニズム仮説
VS
「広範囲な環境」×「長い時間軸」のメカニズム仮説

業界知識を狭く、時間の軸も短く取ると、結果的に切り取る範囲を狭く規定することになってしまう。

範囲を狭く規定すると、メカニズムを考えることは比較的容易になるのだが、メカニズムを見つけたところで、大して面白いものは出てこないし、出てきたとしてもほとんど既知の内容であったりする。

発見したメカニズムを自慢げに話したところで、クライアントや上司からすると「だからどうした？」となってしまう。また、たとえ何らかのメカニズムを解明し、打ち手がわかったところで、大きな流れを見落としてしまう場合がある。

一方、「歴史の横軸」を長く取り、「業界知識の縦軸」も幅広く取ると、大きな流れやメカニズムを把握することができる。

それによって、他人がまだ気づいていないメカニズムが浮かび上がってくる。

局所で見るのではなく、大局を見ることで、大きな気づきを発見することができる。狭くて短い範囲でメカニズムを考え、打ち手を実行するのと、広くて長い範囲でメカニズムを考えて打ち手を実行するのとでは、出てくるアウトプットの質が異なるのである。

まとめ07

「歴史の横軸」と「業界知識の縦軸」の二軸でインプットの土台を固めると、大きな気づきを発見することができる。

「歴史の横軸」を長く取ることの意義

本章ですでに述べたように、現在起きていることは、現状の打ち手だけではなく、過去に行ってきた活動の累積、及び現状置かれている環境が大きく影響している。

過去に行ってきた活動の累積経験には、企業であれば、企業の得意、不得意が隠れている。

同時に成功体験、失敗体験も隠れており、それが現状の打ち手に大きく影響している。成功体験も失敗体験も深く刻まれるからだ。

成功体験、失敗体験のサンプルをなるべく多く観察するため、瞬考をする際は、できる限り「時間軸」、つまり「歴史の横軸」を長く取って観察することが必要である。

実験や研究などと同じように、観察できるサンプル数が多くなると、より正確な企業の実態を把握できるからだ。

前節で社史のインプットについて記述したが、「歴史の横軸」の情報密度をより濃くするための方法がある。

会社の経営陣が、いつ入社し、どのような役割を経験してきたかを把握するのだ。経歴を見れば大体のことはわかるが、会社の歴史と経営陣の歴史を照らし合わせることで、どのようなことを体験しているかを押さえておく。

インタビューを行う前に、社史も含めてできる限り多くの情報をインプットしておく。その後、話を伺うことで、色々と確認していきながら、会社の歴史をバーチャルに体験する。

仕事というのはそれぞれ持ち場があるので、経営陣といえども、会社の歴史を立体的にすべて体験している人は非常に少ない。

社史を読み、複数のトップマネジメントにインタビューすることで、会社の歴史を立体的にバーチャル体験することは、メカニズムを発見するうえで有用なのだ。

企業だけでなく、個人のキャリアも「歴史の横軸」を長く取ることで、メカニズムが浮かび上がってくる。

個人においても、過去の経験は、その後の人生に大きく影響を与える。

親が自身の成功・失敗体験をもとに子どもにものを言うのは、よくある話だ。

戦前生まれの私の親の世代では、「いい大学に行って、いい会社に入ること」が人生の成功であるといった体験をしている人が多いため、子供にもそう教育しがちであった。

1960年代から1980年代の日本経済成長期を社会人として過ごした彼らからすると、確かにその通りかもしれない。

しかし、昭和が終わり、平成に入ると、いい会社だと思って入社したのに、必ずしもそうではなかったりする。

終身雇用と思っていたのに、リストラもあるし、どうなるかわからない。

ITバブル崩壊、リーマン・ショックなどを2000年以降に経験した世代は、私の親の世代とは経験したことが異なる。

この状況に合わせて、子供への教育も変わってきたはずだ。

会社は必ずしも守ってくれない。

社内だけでなく社外でも通用するよう、自分に力をつけなければならない。

2000年以降に社会に出た人なら、そう思っているビジネスパーソンは多いはずだ。

過去の経験と環境変化が打ち手に影響した話そのものである。

右肩上がりで企業成長していた昭和の時代は、まさにサラリーマン全盛の時代だった。売上が拡大し、社員も増大するので、部下も増える。社員が増えれば、銀行口座も保険加入者も増える。

すべてが成長する時代は、いい大学に入り、いい会社に入ってサラリーマンを全うするのが「人生の成功」だったかもしれない。

けれども、平成に入ると、右肩上がりの成長は崩壊し、「企業の倒産」「リストラ」と受難の時代がやってくる。

終身雇用だと思って頑張ってきたのに話が違う。

１９９０年代半ばに、大手メーカーが初めてリストラを発表したときは大騒ぎとなり、結局リストラを取りやめることとなった。

当時はそれだけ違和感があったのだ。

しかし今では、企業のリストラはもはや日常茶飯事である。

こうした経験を目の当たりにしてきた当時の若者は、より自分の能力を向上させ、弁護士、コンサルタントを目指すようなスペシャリスト志向が始まった。

バブルが崩壊した平成は、スペシャリストの時代だった。

このように「歴史の横軸」を長く取って考えてみると、時代とともに世の中が変わり、それに応じて求められるものが変化してきたことが手に取るようにわかるはずだ。

現在の就職戦線ではコンサルティング会社が非常に人気であるが、10年も経てば、大きく変化する可能性がある。

例えば、弁護士で見てみよう。

１９９０年代には司法試験に合格すれば、「弁護士は一生安泰ですね」と言われた

図3 弁護士数の推移

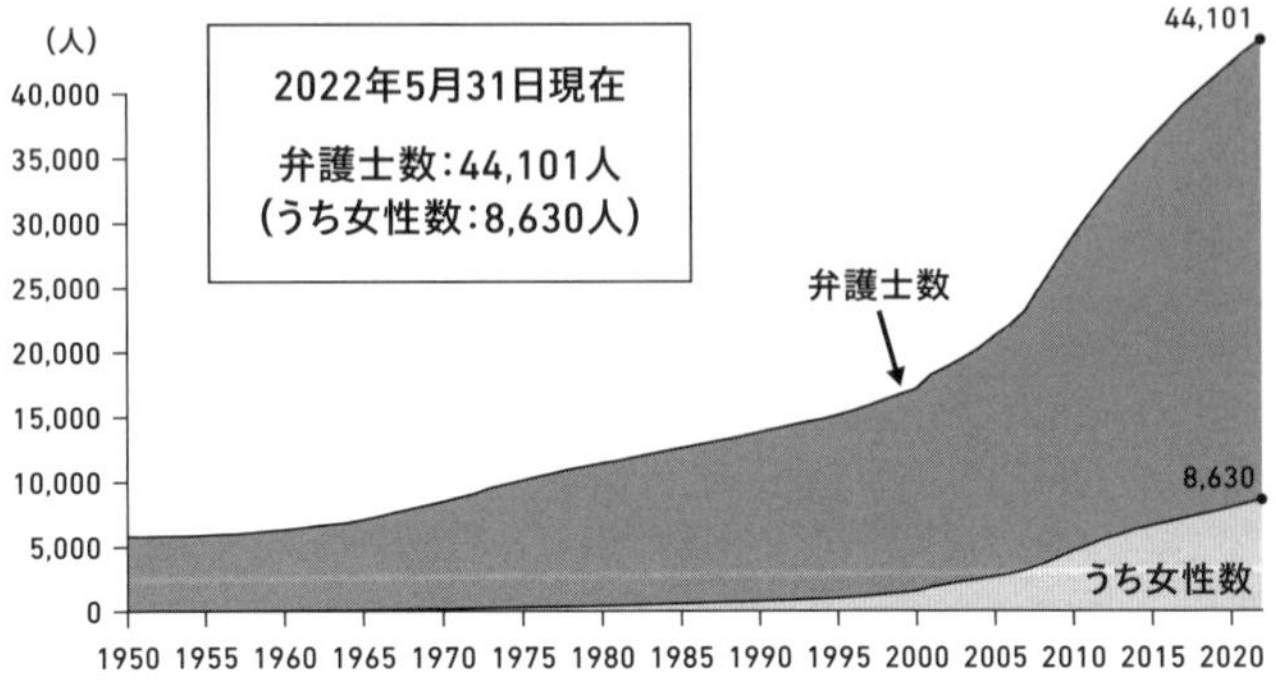

出所：日本弁護士連合会 統計・調査（弁護士白書等） 基礎的な統計情報（2022年）を参照し、作図

ものだ。

しかし、グラフを見ると、2000年以降、急激に弁護士は増えている。

事案が弁護士数に比べて増えているとは思えないため、弁護士になったとて必ずしも安泰ではない。

このグラフを見た若い弁護士が、「弁護士になれば安泰だと思って、弁護士になりましたが、実はレッドオーシャンだったのですね」と話していたが、まさにその通りである。

コンサルタントも、弁護士に負けず劣らず急速に数が増えている。

そしてコンサルティング会社を退職、卒業したOBの数も増えている。

スペシャリストとみなされているコンサルタントも、徐々にコモディティへと変化していくはずだ。

これらのメカニズムから類推すれば、これからの時代でビジネスパーソンに求められるスキルは変化していくだろう。

「昭和はサラリーマンの時代」「平成はスペシャリストの時代」、今後はまた違ったスキル、人材が求められる時代になっていく（どんなスキル、人材が求められるようになるかは、本書の後半で述べることにする）。

まとめ08

「歴史の横軸」を長く取ると、サンプル数が増えるので、メカニズムが見つかりやすくなる。

「業界の縦軸」を幅広く見据えることの意義

もう一つの軸である「業界の縦軸」を幅広く見据えることの意義について解説する。本題に入る前に、業界なるものがどう形成されるのかを知っておいてもらいたい。

もともと、業界というのは存在しないものである。

ある会社がある分野でビジネスを開始し、成長するうちに、競合が複数出現する。マーケットが拡大・成熟するに従い、優勝劣敗がはっきりして、淘汰が始まる。

このような過程の中で、業界というものが生まれる。

例えば、スマートフォン業界なるものは、1990年代初めには存在していなかった。業界などなかったわけである。

そのうち、ソニーやブラックベリーが商品を出し、アップルがiPhoneを出し、その後、多くのプレイヤーが参入して業界が形成された。

ＴＶ（電機）もテレビ放送局も映像ネット配信も、もともとは業界として存在しておらず、徐々に形成されてきた。

業界が成熟してくると、垣根を越えて競合が参入してくるため、狭い範囲で業界を見ていても、ほぼ意味がない。

だからこそ、さまざまな業界を幅広く見据えておく必要があるというわけだ。

また、多様な業界を幅広く学んでおくことのメリットの一つに、アナロジーの発見がある。ある業界で起きたことと同じようなことが、まったく別の業界で起きるのである。

アナロジーを見つけることができると、他業界ですでに起きたことを事例として学習できるため、いち早くメカニズムを発見できる。

ゲーム業界は、プラットフォームが変わるごとに、新たなプレイヤーが出現した。

ゲームセンターにあるアーケードゲームから始まり、次はプレイステーションなどで動くコンソールゲーム、そして携帯電話でのモバイルゲーム、その後はスマートフォン上のゲームと広がってきたが、プラットフォームが変わると、必ず新たなプレイヤーが出現してきた。

2000年代、携帯電話におけるデータ通信料金が定額化され、モバイルゲームではDeNAやグリーといった新たなプレイヤーが出現した。その後、スマートフォンの出現により、ガンホー、ミクシィといったプレイヤーが出現する。

この現象は、前のプラットフォームで蓄積したソフトウェア資産が、次のプラットフォームでは直接使えないため、累積経験の差を十分活かせないことが要因の一つであるが、同じようなことが半導体でも起こっている。

パソコンにおける半導体ではインテルがほぼ無敵の状態であったが、携帯電話の時代にはトッププレイヤーではなくなった。携帯電話ではクアルコムが市場を席巻した。そしてAIの時代に入ると、今度はインテルでもクアルコムでもなく、エヌビディアやアドバンスト・マイクロ・デバイセズ（以下、AMD）が半導体市場を牽引している。

AMDという会社は、パソコンにおけるインテル互換チップとして成功した企業である。しかし、時代が携帯電話やスマートフォンに向かうに従って、パソコンを主戦場としていたAMDは低迷した。

その状況でAMDが取った戦略は、携帯電話分野でクアルコムと戦うのではなく、その次のプラットフォームを見越し、AI分野で活躍するGPUへいち早く舵を切ることであった。パソコンにおける半導体では成功したが、携帯電話やスマートフォンで今から戦っても勝ち目がないと判断し、その次のプラットフォームとなりそうなところで勝負をかけたのだ。

もちろん当時は、GPUが当たるかどうかはわからなかったはずだが、すでに競争劣位のところで戦っても、トッププレイヤーに対しては勝ち目がない。

先ほどのゲーム業界の話も同じである。モバイルゲームでDeNAやグリーが市場を席巻する状況であれば、同じモバイルゲームで戦うより、次のプラットフォーム上で戦ったほうが、競争劣位を跳ね返せる。

このように、半導体とゲームは別の業界であるが、各業界で起きていることを眺めてみると、「共通のもの」が見えてくる。

同様なことは、メディア業界でも起きている。映画→テレビ→ネットフリックスなどのＯＴＴ（インターネットによって映像や音声コンテンツを配信するサービス）と、プラットフォームが変化している。

同じプラットフォームであれば、先駆者に累積経験があるため、彼らのほうが競争優位である。周回遅れになったプレイヤーが挽回するのは非常に困難だ。

ネットフリックス、アマゾンといったプレイヤーは世界に億単位の会員数を持つため、累積経験だけでなく規模の経済性も利きやすい。

この土俵で戦うとするならば、同じことをやっていると非常に厳しい戦いになるため、分野をフォーカスするなどしていかねばならない。

メディア業界に属する会社の戦略としては、次の来るべきプラットフォームを見据えて、準備をしておくほうが賢明かもしれない。

すでにＯＴＴが出現してから10年近くが経つが、今後ブロックチェーン技術をベースにしたコンテンツ課金が始まると、また新たなプレイヤーが出現する可能性がある。

まとめると、ゲーム業界で起きたことは、半導体業界でも起きているし、メディア業界でも起きている。これらの背景を考えると、競争劣位な状況の場合は、「同じプラットフォーム上で戦うよりは、次のプラットフォームで新たに戦うほうが勝てる可能性が高い」といったメカニズムが浮かび上がる。

違う業界の事象を頭に入れておくことで、「これはもしかしたら、あの話と根っこは同じなのではないか？」というように、異業界の共通部分を抉り出すことができれば、業界横断のメカニズムを発見することができる。

このような発想法をするためにも、「業界知識の縦軸」を意識してインプットすることが非常に重要なのである。

まとめ09

「業界の縦軸」を幅広く取ると、業界を横断するメカニズムをいち早く発見できる。

すべての物事には「背景」があり、そこに「メカニズム」が隠されている

「歴史の横軸を長く取る」「業界を幅広く見据える」ことに加えて大事なことは、さまざまな事例をインプットするときに、事例の背景について思考することである。

海に浮かぶ氷山の一角を想像してほしい。

海面から突き出ている表層だけを見ても、氷山の全体像を正確に捉えていることにはならないことは明白である。

海面の下にも氷山は形を成している。また気候、海水の温度や海流などの「背景」が影響して、氷山の一角という「事象」を作り出している。

氷山の一角だけを見ていても、「氷山の正確な形」や「なぜそのような形になったのか」はわからないが、気候、海水の温度や海流などの「背景」もきちんと押さえれ

ば、全体像を紐解くヒントになる。

ビジネスでも同様で、背景に「なぜそうなったのか」というメカニズムが隠されており、それを見つけることができれば、課題の原因に対処して、打ち手を講じることができる。

コンサルティングでも「なぜこのプロジェクトをするのか」という背景について、プロジェクトオーナーに徹底的にヒアリングするようにしている。

氷山の一角にもそれを形成した背景があるように、会社で直面する問題にも背景が存在する。その背景を解像度高く摑むことができれば、課題が生まれた原因や経緯がわかるので、目的が決まり、プロジェクトの方向性がはっきりする。

コンサルティングでやるべきことが一気に明確になるのだ。

「背景を考える」ことはそれくらい重要なことなのだが、私の手痛い失敗談がある。

BCGに入社して間もない頃、1996年春、パソコンソフトの流通についてのプロジェクトを行っていた。

新人の私は、大した仮説も思い浮かばず、資料を用意する必要があったため、他業界で発表されたばかりの斬新な流通の仕組みを、社内ミーティングで発表した。

それは、当時バンダイがリリースしたピピンというゲーム機の流通方法だった。ピピンを知っている人はほとんどいないと思うが、1996年にバンダイがアップルコンピュータと共同開発したゲーム機である。この流通の仕組みは、それまでの慣行とはまったく異なるもので、斬新なものであった。

結局ピピンは、その後あまり売れることなく終わるのだが、当時はまだ成功するかどうかの結果もわかっていなかったので、自慢げにその複雑な仕組みの事例を説明した。

すると、ある先輩に「君は、その事例がいいと言っているのか、ダメだと言っているのか。バンダイにとってはよいが、我々のクライアントに導入してみるにはダメだと言いたいのか、バンダイにとってよくないが、我々のクライアントがやればうまくいくと言いたいのか、どれなのだ」と立て続けに聞かれた。

私は、そこまでまったく深く考えておらず、知っていることを資料にして発表しただけだったので、頭が真っ白になった。

事例には、その会社の状況や、その会社を取り巻く業界の状況、時代背景などがある。そしてクライアントにも、クライアントの経営状況や業界環境の状況などがある。それらの背景を鑑みて、「クライアントにとっては、どうしたほうがよいというところまで、考えておかないと、単に知っていることを紙に書いて出しただけになるぞ」と言われたのだ。

まさに……私は単に自分が知っていることを、自慢げに紙に書き、それをくどくどと説明していたのだ。

ピピンの販売チャネルの事例は、「こんな事例があるぞ」と、自分の知っていることを自慢げに出したものの、「だからどうした？」と言われると、「どうしたと言われましても……」と示唆はゼロのものだった。そこで終わってしまう。

つまり、その事例の背景までは考えていなかったのだ。

背景まで考えていたら、そもそも発表の場で出す必要がなかったかもしれない。

すべての物事には、必ず背景が存在する。

そして、その背景の中にメカニズムが隠されている。
背景から示唆まで抉り出さなければ、単に知識での勝負になってしまうので、洞察力の勝負にはならない。

まとめ10

「歴史の横軸」「業界知識の縦軸」に加え、事例の背景を考えることで、鋭い示唆を生み出すことができる。

敏腕マネージャーが独立する韓国、大物芸能人が独立する日本

本節では、エンターテインメント業界の動向のメカニズムを探っていく。その過程で「背景を考える、とはこういうことなのか」と気づいてもらいたい。

日本では、ここ10年、大物アーティストや芸能人の独立が多数起きている。引退した安室奈美恵や、元SMAPの新しい地図、俳優の米倉涼子など、大物の独立が相次いでいる。

しかし、韓国の芸能界で、独立する芸能人は少ないが有能なマネージャーは次々に独立している。

なぜ韓国では敏腕マネージャーが独立し、日本は大物アーティストや芸能人が独立するのか。

ここにも背景があり、メカニズムが隠されている。

今では誰もが知っているＢＴＳを輩出したＨＹＢＥ（設立時の社名はビッグ・ヒット・エンターテインメント）は、韓国のＪＹＰエンターテインメントという大手事務所にプロデューサーとして所属していたパン・シヒョク氏が独立して作った会社である。ＨＹＢＥができるまで、韓国で大手芸能事務所といえば、少女時代や東方神起を輩出したＳＭエンターテインメント、NiziUやＴＷＩＣＥを輩出したＪＹＰエンターテインメント、ＢＩＧＢＡＮＧ、ＢＬＡＣＫ ＰＩＮＫなどを輩出したＹＧエンターテインメントの3社であった。

他にもＳＭエンターテインメントのマネージャーが独立したCre.Kerエンターテインメント（現ＩＳＴエンターテインメント）やビッグ・ヒット・エンターテインメントから独立したスターシップ・エンターテインメントなど、韓国では大手事務所から優秀なマネージャーやプロデューサーが独立し、新たなアーティストを輩出している。

一方、日本はマネージャーが独立するというより、アーティストが事務所から独立することのほうが多い。

この背景を考えてみると、Ｋ－ＰＯＰは市場が世界に急拡大しているうえ、ファンもグローバルだ。Ｋ－ＰＯＰアーティストのYouTubeのコメント欄は、ハングルだけでなく英語、スペイン語、ポルトガル語など、さまざまな言語で書き込みがされている。

一方、日本のアーティストの海外進出は限定的であり、ファンは日本人中心である。つまり、マーケットの成長という背景があるからこそ、韓国はマネージャーが独立するのである。

一方、日本の音楽マーケットは急成長しているわけではない。市場が成長しないと、パイの奪い合いが始まるため、アーティストが独立するのではないかと考えられる。

これが韓国ではマネージャーが独立し、日本ではアーティストが独立するメカニズムである。

しかし、日本の音楽シーンの歴史を長く見てみると、１９６０年代、１９７０年代、最大手の渡辺プロダクションから、当時の優秀なマネージャーが独立してアミューズやホリプロなどを立ち上げていることがわかる。

そして長らく、音楽マーケットが成長を成し遂げてきた。

まるで現在のＫ－ＰＯＰ業界と同じである。

１９６０年代、１９７０年代の日本の音楽マーケットは急成長していたことを考えると、「市場が成長する＝新たな参入が相次ぐ＝マネージャーが独立する」というメカニズムが働いていたのだろう（このメカニズムからの類推で、ベンチャーキャピタリストは、例えばサイバーエージェントやリクルートに在籍している、仕事のできるマネージャーくらいの人材には一度会っておく、というネットワーク構築の手法が考えられそうである。市場が拡大している分野で戦っている企業から独立した優秀な人材が、次のトレンドを作る可能性があるからだ）。

まとめ11

韓国の芸能界で独立するマネージャーが増える事象には、「市場の拡大」という背景がある。

メカニズムから未来予測もできる

「市場が成長していればマネージャーが独立し、市場が成長していなければアーティストが独立する」というようなメカニズムが音楽マーケットにあるわけだが、このメカニズムからマーケットがどのように変化していくかも予測することができる。

今後もしばらく韓国では、優秀なマネージャーの独立が続き、新たなK－POPアーティストがデビューすると考えられる。

しかし、日本において、ここ10年で起きているメカニズムを考えると、いずれ韓国も、アーティストの独立という問題が避けて通れなくなる可能性がある。

K－POPのマーケットが飽和するまでには、まだまだ時間がかかるかもしれないが、マーケットが飽和するとパイの奪い合いが始まる。

パイの奪い合いが始まれば、放っておくと、K－POPも日本と同じような状況になるだろう。

一方、日本においては、現在はアーティストの独立が起きているが、新たなマーケットが誕生し拡大すれば、マネージャーやプロデューサーの独立が盛んになるはずだ。

実はこの成長のきざしがすでにあり、私はYOASOBIに注目している。

音楽ランキングに登場するYOASOBIの楽曲をよく聴く人、彼らの新曲に注目している人は無数にいるだろうが、私は彼らの生み出した楽曲制作のメカニズムの仕組みとその可能性に注目している。

YOASOBIのメカニズムについては、第1章でも記述したが、おさらいの意味も込めて再記しておく。

2021年、海外で一番視聴された日本のアーティストが、YOASOBIであった。斬新なところは、小説が歌詞のもとになっているところである。

小説をもとにした歌詞があり、アニメーションをつけ、歌い手が歌う。これは革命的に斬新だ。ヒット曲の「夜に駆ける」は、星野舞夜の小説『タナトスの誘惑』がもとになっている。

楽曲制作は、もともと古くは、作詞家、作曲家がいて、歌手がいるという世界だったが、１９８０年代以降は、作詞、作曲、歌唱すべて自身で行うシンガーソングライターが多数デビューした。

著作権料は作詞３％、作曲３％、歌唱印税１％なので、シンガーソングライターになれば７％である。

歌手にとってはシンガーソングライターになるほうが、著作権料という点では実入りが多い。

しかし多くの場合、自分の恋愛体験や友人、知人の体験をもとに歌詞が書かれたりするため、年を取ってくると、歌詞にするための体験も減ってくる。

また、年齢を重ねるごとに、若者たちの感覚とはどうしてもずれてくるため、流行りの作品を生み出すことは非常に難しくなる。

ＹＯＡＳＯＢＩがすごいのは、かつてのアーティストが直面していた楽曲制作の課題を、分業体制によって解決したところにある。

ＹＯＡＳＯＢＩは、もともとソニー・ミュージックエンタテインメントの小説&イラスト投稿サイト「monogatary.com」に投稿された小説を音楽にするプロジェクトからスタートしている。

若者が書いた小説には、それぞれの体験が書き綴られており、そこには歌詞のもととなる可能性がある原作が多数存在する。

つまり、シンガーソングライター一人の経験だけでは限定的だが、小説の素材となる若者の体験は無数にあるため、歌詞のネタ元が無限にある。

それらを音楽にすることで、ＹＯＡＳＯＢＩは新たな分野を構築している。

これにアニメーションのＰＶを付け加えることで独特の世界観ができあがっている。小説とアニメーションと音楽の分業による掛け算である。

ＹＯＡＳＯＢＩモデルを世界展開することができれば、日本の得意分野に持ち込める可能性がある。日本がＫ－ＰＯＰの真似をしても、世界に打って出るには相当な工夫が必要だ。

であれば、ＹＯＡＳＯＢＩモデルのような、新たな分野をグローバル化するほうが、勝ち目があるはずだ。

ＢＴＳをはじめとする多くのアーティストの活躍により、Ｋ－ＰＯＰはブームからジャンルに格上げされた。

同様に、小説と音楽とアニメーションの融合分野は、ブームからジャンルに格上げされる可能性がある。実際、ＹＯＡＳＯＢＩ以外にもＡｄｏやヨルシカをはじめ新たなアーティストが出現している。

そして、ジャンルが増えることで市場が拡大し、グローバル規模になれば、今の韓国と同じように、日本でもプロデューサーが独立してビジネスを開始する動きが起きるはずだ。１９６０年代から１９７０年代にかけて、日本の芸能界で起きたメカニズムが現代の韓国で起こり、現在日本で起きているメカニズムが、いずれ韓国で起きるかもしれない。

これこそ、アナロジーである。アナロジーを使えば未来予測もできる。

楽曲の制作方法が、作詞家・作曲家・歌手という分業制から、シンガーソングライターになり、再び小説とアニメーションと歌手という分業制になりつつあるわけだが、実は漫画でも同じようなことが、ずっと以前から起きている。

元来、日本の漫画はストーリー作成から作画まで一人で行うのが主流だったが、徐々にこれも変わってきている。

2000年以降、インターネット上で、スクロールして読むウェブトゥーンが登場した。当初は一時的なものと思われたが、スマートフォンが普及した現在、スクロールして読む縦スクロール漫画も普及してきている。

それに伴い、原作者と漫画家が別に存在するのが主流になりつつある。日本でも人気のピッコマやLINEマンガでは、多くの作品で原作と作画は別人だ。

確かに、ストーリーやキャラクターを構想する作家としての能力と、絵を描く能力はよく考えると異なる種類のものだ。

今までは、漫画家はストーリーも考え、絵も描くというシンガーソングライターばりにすべてを行っていたわけだが、分業制になるとまったく違うプレイヤーも出現する。

絵は描けるが、ストーリーはできない。またその逆の人もいるわけで、そうなると新たな新人が出現するチャンスが出てくる。

こうなってくると、今まで日本のお家芸だった漫画も、うかうかしていられない。絵を描くだけだったらうまい人は多数いるだろう。しかし、絵が描けて、かつストーリーを作ることができる才能の持ち主は限られている。

となると、いい原作があれば、その原作をうまく表現してくれる絵をつけることで、今までは漫画にならなかったものも、世に出てくるわけである。

実際、世界の小説UGC（User Generated Contents）サイトを大手プレイヤーが買収する動きは多数出てきている。

小説UGCサイトは、グローバルに存在するため、世界中からストーリーのネタを集めることができる。

そうなると、「この小説にこの漫画家で作れば売れるのではないか？」と着想し、それを実現できるプロデューサーの役割がより重要になってくる。

YOASOBIとウェブトゥーンは、因数分解してみると、メカニズムは非常に似ている。

これからウェブトゥーンの漫画は数多く出てくるだろう。

また、ＹＯＡＳＯＢＩのようなアーティストも多数出てくる可能性がある。

それだけではない。画家の世界ですら、変わってくるはずだ。

今後は、小説の中の主人公を写実的に表現する画家が出るかもしれない。実在の人物を描くのではなく、小説のヒロインを著名な画家が描くことにより、小説のストーリーと画家の持つクリエイティビティが融合され、新たな市場ができる可能性もある。もともと、絵画は聖書を可視化するためのメディアであったことを考えると、十分にありえる話である。

そして分業が主流になればなるほど、クリエイターをつなぎ合わせるプロデューサーが重要な役割を果たすはずだ。

これもアナロジーから出てくる未来予測である。

まとめ12 メカニズムからのアナロジーによって未来予測が可能となる。

瞬考のための四季報丸暗記

最初にお話しした通り、瞬考のファーストステップとしては、大量のインプットが必要だ。

何をインプットするかは、どのような立場にあるかによって異なるが、ビジネスパーソンの場合、世の中にどのような会社が存在するか、どのようなビジネスをやっているかをインプットすることから始めてみるといい。

インプット手段としてお勧めなのが、「四季報丸暗記」だ。

『会社四季報』や日経会社情報DIGITALは、情報の宝庫である。

それらをエクセルに転記するなどして日本の企業を頭に叩き込んだ後は、アメリカの企業に着手する。

四季報丸暗記は、私がメーカー在籍時代、システムエンジニアとして仕事がまったくなく、あまりにも暇だったため、上司に命令されて仕方なく行っていたことだった。『会社四季報』とは、ビジネス書・経済書の老舗版元である東洋経済新報社から四半期に一度刊行されている情報誌で、担当の記者が、上場企業の企業情報、株価、株主構成や財務状況などを一冊にまとめているものである。

当時はまったく何も考えずただ淡々と入力していたのだが、ＢＣＧに転職した後から今に至るまで、コンサルタントとしてこれまでやってこれたのは、四季報丸暗記によるところが非常に大きかった。

なので、ドリームインキュベータ時代も、今も、周囲から「コンサルタントとして成長するために何をすればいいですか」と聞かれたときは、まず四季報丸暗記をお勧めしている。

なので、読者の方もぜひやってみてほしい。

と言われても、ほとんどの読者は面食らうはずだ。

よって、なぜ四季報丸暗記をすることになったのか、それがどう私のキャリアを支えてきたかを書いておく。

意気揚々と新卒で入社したのは、アメリカのヒューレット・パッカードと横河電機の合弁会社であった。

研究開発に配属されるつもりで入社したものの、UNIXのミドルウェアの開発を担当することになる。

同窓の京都大学の卒業生は、数名が入社していたが、いずれも研究開発に配属され、私だけが、やや現場よりの開発に配属されることとなった。

その開発も2年半で頓挫し、中止。開発を早々にクビになった私は、システムエンジニア部門へ転部となった。1993年のことである。

当時、システムエンジニアの対価はハードウェアのオマケの時代だった。ハードウェア価格が急激に下がる中、システムエンジニア対価はもらえず、システムエンジニアになりたての私は暇を持て余していた。

毎日、コーヒーを飲んでは、会社の屋上でタバコを吸うという堕落した生活を続けていたのだが、ある日、見るに見かねた先輩から、「これを全部入力しろ。どこの会社や業界が儲かっているか分析してくれ。そこの会社にシステムサービスを売りに行くぞ」と言われ、『会社四季報』をどっさり渡された。

当時は、『会社四季報』のCD－ROMはなく、四季報台帳のみだったので、毎日朝から夕方（基本的に暇だったので、夕方の定時には帰っていた）まで、ロータス1－2－3（表計算ソフト。Excelのようなものだと理解してもらえればよい）に会社名、売上高推移、経常利益推移、当期利益推移、工場の場所、その期のトピックなどを入力する。とにかく暇だったので、朝から夕方まで入力する。

こんな面倒なことをなぜ俺にやらせるのか、と反発していたはずだが、すでに開発をクビになり、同期よりもやや（というより、かなり）出世が遅れていた当時の私には反発する元気もなかった。

また私に入力を指示した方は、入社時から私のめんどうを見てくれて、大変世話になった先輩だったので、「変なことを頼むなぁ」と思いながらも、渋々と入力を開始した。

単純作業の連続。

とにかく疲れる。

こんなことをいつまでやるのか、と思いながら10日ほど経った頃、だんだん会社名を覚えていることに気づいた。

それまで松下（現在のパナソニック）やソニーといったいくつかのメーカーの名前くらいは知ってはいたが、ほとんどの会社については、聞いたこともなかった。

しかし、毎日見ていると、頭に入ってくる。売上規模、本社や工場の場所も、事業として何をやっているかも、10年分を時系列で繰り返し入力しているとさすがに頭に刷り込まれる。

この四季報入力を、私は「四季報写経」と呼びながら、10年分入力したわけだが、終わった頃には、かなりの会社のプロフィールが頭に入っていた。

新聞を読んでも、雑誌を読んでも、そこに掲載されている会社が何をしているのか、どんな会社なのかが、わかるようになっていた。

結局、儲かっている会社に営業に行くという当初の目的は、大して果たすことはできなかったが、この四季報写経、その後の私のビジネスキャリアに、大きく役に立つことになった。

その後、ＢＣＧに転職するわけだが、入社直後、周囲の人間が私と比較にならないくらい優秀に見えた。

第1章にも書いたが、同期は、銀行や商社など一流企業出身者ばかりで、しかも、海外の名門ＭＢＡホルダーがずらりと並んでいた。その中に飛び込んだ、ＭＢＡホルダーでもなく、まともな営業の経験すらない、メーカー出身の私。

そのような環境下で、最初の数年間は朝の5時に出社し、深夜の2時に帰宅するというような、まさに地獄……、いやエキサイティングな時間を過ごすことになるのだが、ふと「みんな、意外と、世の中に存在する会社のことを知らないんだな」ということに気づいた。

当初は仮説なんぞまったく思いつかなかったが、2年程度経つと、「こうすればいい」という仮説が、自然と、それも一瞬で湧くような状態になったのだ。

「自分は頭の中に10年分の『会社四季報』の会社の情報が詰まっているが、それを生かした頭の使い方を知らなかっただけなのだ。それがコンサルティングの仕事を続けているうちに、頭の使い方がわかってきて、企業のデータを使って仮説が湧くようになったのだろう。MBAの知識は詰まっていても、生々しい会社の情報がインプットされていないと、鋭い仮説を出すことは難しいのではないか」と私は捉えた。

私からすると、コンサルタントで「仮説が湧かない」というのは、頭のよし悪しや、才能の問題ではなく、現状のインプット量が、コンサルタントとして求められる基準にはるかに足りていないからだと考えている。

『会社四季報』の情報が10年分も頭の中に積み込まれていると、「この会社の売上が伸びれば、それと一緒にこの業界の会社の売上も上がっていくはずだ」というようなことが、無理やり意識せずとも、自然と思いつくようになる。

まさに「瞬」間的に「考」えられるようになるのだ。

頭の中に企業の事例、情報が入っていれば、産業界ではそれぞれ取引があるわけだから、「自動車業界が好調であれば、材料業界も好調なはずだ」というようなことや「リーマン・ショックやアジア通貨危機、いろんな金融危機があったが、エンターテインメント業界とヘルスケア業界は、比較的影響が少なかった」「よって、今後再び大きな危機が来ても、案外影響は受けないのではないか？」など、スルスルと考えられるのだ。

産業連関表が頭の中に入っていて、そこからズバッと仮説をはじき出すイメージである。

また、「周囲と比較して、自分は意外と会社のことを知っている」ことに気づいてからは、クライアントの社長や役員と話すことの心理的な抵抗感も減っていった。彼らが「知らなくて、かつ、知るべきこと」がだんだんわかってきたからだ。

彼らは自社のことや置かれている業界については非常に詳しいが、その周辺の産業、ましてや少し離れた分野に関しては、必ずしも詳しいわけではない。

2000年以降も四季報写経は続けていたが、当時、どんなベンチャーが出てきているか、どんな会社が新たに上場したかなどは、ベンチャーキャピタリストを除けば、大きな会社のマネジメント層では、ほとんど知られていなかった。「最近、こんなビジネスモデルが出てきた」といった話は、早めに知り、クライアントに伝えることができた。

そうやって、四季報丸暗記で身につけた知識を使いながら仕事をしていると、プロジェクトに呼ばれたり、クライアントとの食事に呼ばれたりする機会がだんだん増えてくる。

私自身、コンサルティング会社で社長をしていたからわかることだが、クライアントとの食事の席に呼ぼうと思われるには「彼・彼女はなんとなく気の利いたことを言いそうだ」と思ってもらわなくてはいけない。

私が呼ばれたのは、当時、理系出身のコンサルタントが少なかったこともあるのだが、やはり周囲と比較して、四季報丸暗記でインプット量が圧倒的に多かったことが大きかったように思う。

仕事を頼まれることや、食事の席に呼ばれる回数にも累積経験で差がついていくので、ますますコンサルタントとしての実力がついた。

四季報丸暗記で仮説が湧く人間になって、周囲に人が集まるようになり、集まってくれた人と一緒になって、丁寧に一つ一つ仕事を完遂する。

そこで一生懸命仕事をすれば、お客様（社内の仕事であれば同僚）との間に「信頼」というネットワークを結びつける接着剤ができる。

信頼がコツコツ増えていくことで、ネットワークが広がる。

お客様に自分のスキルやネットワークを貸す力も大きくなり、私がお客様から借りる力も、ネットワークが増えていくことで爆発的に大きくなっていく。

このサイクルが累積的に増えていき、今のような立場になったのではないかと思う。

四季報丸暗記が私のキャリアを支えたというのは、そういうことだ。

資料やPC上に「データがあること」と、「頭に入っていること」は、まったく異なるため、毎日少しずつでいいから、企業情報を頭に入れる。

このインプットは、瞬考の基礎になる情報である。

読み書き算盤と同様、一旦頭に入れると、あとはメンテナンスでよい。

今となっては『会社四季報』を丸ごと写経するというようなことはしていないが、新規で上場が決まった会社があれば、その企業情報などをインプットする習慣は継続している。

ただ、私がこのようなインプット方法なのは、四季報丸暗記をすでに完了し、頭の中に企業のランドスケープができているからであって、頭の中にまだ土台がない状態であれば、Excelなどに入力して、一気にランドスケープを作ってしまうのが効率的だ。

私が横河ヒューレット・パッカード時代に行った『会社四季報』の情報入力は、3～4ヶ月という短期間で終わってしまった（ただ、私の場合、業務時間を使えたという側面もあるのだが……）。

短い時間を投資するだけで、一生役立つビジネススキルになると思っている。

ドリームインキュベータ時代も、新卒で入社が決まった学生に、「入社までにどんな本を読んできたらいいですか？」と質問をされることがあった。

本を読むのもいいかもしれないが、仮説構築のためには、『会社四季報』を覚えたほうが100倍役に立つと私は思っているので、そちらをお勧めしてきた。

やった人がいるかどうかはわからない。

ドリームインキュベータのOBには、40歳を過ぎて、色々なことを学び、体験した後に、「俺も、若いときにやっていればよかった」と言ってくれる人もいるが、そもそもこんな退屈なことをやっている人がほとんどいないので、40歳を過ぎていたとしてもまったく遅くはない。

もちろん、上場企業は調べれば色々と情報は出てくるのだが、「情報が頭に入っているか否か」で、ものを思考する際に圧倒的な差が出る。

小手先のことをやるよりは、基礎的なインプットを繰り返して、「思考の土台」を作ったほうが、長期的には役に立つはずである。

小手先のコンサルテクニックは、ほとんど無意味である。

四季報丸暗記が一般的になり、世の中の学生やビジネスパーソンが、日本の企業について熟知してきたならば、アメリカの企業を頭に入れれば差をつけることができる。ベンチャーキャピタリストであれば、日本の新興市場でどのような企業が上場し、どのようなビジネスモデルを展開しているかを時系列で頭に入れるのも効果が大きい。

それができれば、アメリカ、中国の新興市場に上場しているプレイヤーのビジネスモデルを頭に入れると、新興企業のビジネスモデルに関する「思考の土台」ができる。

大企業で新規ビジネス担当にアサインされて、何から始めていいかわからない人も、新興企業のビジネスモデルを把握することをお勧めしたい。

全部で数百社分あるが、完全に暗記した状態でなくとも、少しでも情報が頭に残っていれば、頭の引き出しの中を後から探すことはできる。

インプットの習慣をつけておくと、世の中にどのようなビジネスがあるかを熟知している状態になるので、社内外から相談されたり質問されたりする機会が増える。同僚に質問されると、さらに調べることとなるので、ベンチャーについての豊富な知識の土台ができる。

知識の土台を作るインプットをしていけば、どのようなビジネスモデルなら継続性があるのか、もしくは事業として難しいのかも感覚でわかってくる。

これらに加え、私はグロース市場に上場している企業の時価総額が大きい順に、ビジネスモデルを確認するという地道なインプットをするのだが、効果はかなり大きい。これを「グロースの写経」と呼んでいる（かつては「マザーズの写経」と呼んでいた）。

少し話がずれるが、今思えば、ドリームインキュベータ社内でテストでもしておけばよかったと思う。企業に関するインプットを試験にしてみるのも、ビジネスパーソンの能力底上げに役立つと私は思っている。日本経済新聞社や東洋経済新報社が、ビジネス偏差値なるものをつけて、テストでも行って、新聞や雑誌の誌面に成績優秀者を張り出してくれると勉強する人も増えるかもしれない。

話を本題に戻すと、四季報丸暗記によって基礎情報を頭に入れると、新聞や雑誌を読んでもかなり印象が変わってくる。

今まで、素通りしていたネットの記事や新聞記事で、目に止まるものが増えるのだ。頭に基礎情報がなければ、無意識に素通りしてしまうのだが、基礎情報があると、企業名が出ただけで、興味が湧いてくるのである。

これが「一を聞いて十を調べる」話につながってくる。

「一を聞いて十を調べる人になろう！」と思い立っても、頭に基礎情報がなければ、情報のフックがないので、調べるというステップに進みにくい。

対して、基礎情報があれば、情報のフックがあるので、色々なことに興味を持ちやすくなる。

本章冒頭で記した「自分自身で鋭い仮説を生み出す」瞬考の要諦を思い出してほしい。

1 求められる仮説とは「相手が知らなくて、かつ、知るべきこと」を捻り出すこと

2 仮説構築をするためには、事象が起きたメカニズムを探る必要がある。メカニズム探索では、「歴史の横軸」「業界知識の縦軸」そして、その事象が起きた「背景」を意識する

3 導き出した仮説を「メカニズム」として頭の中に格納し、それらをアナロジーで利用する

4 事例などのインプット量が仮説を導き出す速度と精度を決める

5 「一を聞いて十を知る」人ではなく、「一を聞いて十を調べる」人が仮説を出せるようになる

6 あらゆる局面でエクスペリエンス・カーブを意識する

ここまで瞬考について記述してきたが、四季報丸暗記をすれば、瞬考に必要な6つの要素を一括で鍛え上げることができるわけだ。

四季報10年分を丸暗記すれば、「相手が知らなくて、かつ、知るべきこと」が手に取るようにわかるし、幅広い業界の知識、各業界の歴史の知識も格段に増える。

「なぜその会社が今の状況に至っているのか」という背景もわかる。

丸暗記の過程で、自分だけのメカニズムが頭に格納されていくので、どんどんアナロジーが湧いてくる。

これらのインプット量が増えていくたびに、仮説を導き出す速度と精度が向上していく。

情報をキャッチする網の目が細かくなっていくので、「一を聞いて十を調べる」人になるための土台ができあがっていく。

こうして積み上がった累積経験に他人が追随するのは難しい。

昔、府中競馬場に行ったとき、『競馬四季報』を丸暗記している人を見かけたことがあった。

レースに出る馬の父母だけでなくその馬の母親……と血統を遡って把握し、勝敗の分析をしている姿を思い出して、日本に存在する上場企業をまとめた『会社四季報』くらいであれば、頑張ればなんとかなるかもしれない……と思って、入力を始めたのだが、気づいたら10年分の入力は完了していた。

始める前の心理的な負担はあるだろうが（前述した通り、私も「なんでこんなことをやるんだよ……」と思っていた）、実際にやってみれば、意外とできるものだ。

まずはやってみてほしい。

限界の壁は、触ろうとしないと広がらない。

基礎情報を頭に叩き込んだ後は、いろんな事例を学ぶとよい。

いわゆるケーススタディである。これはすでにＭＢＡをはじめ、さまざまなところで行われているが、ビジネス誌や書籍を読むことでもかなり対応できる。

ただ重要なことは、なぜそのようなことが行われたのか、事象の背景を深く考察することだ。

そのためには、「歴史の横軸」を長く取って眺めてみなくてはならない。

自分の会社であれば、自社の歴史を把握していくと、「なぜ今このようなことになっているか」のヒントが隠されている。

業界についても同じだ。前述したゲーム業界や半導体業界など、大きな流れがなぜ起こったのかを長期的な視点に立って考察すると、メカニズムが見えてくる。

繰り返しになるが、瞬考ができるようになるために一貫して重要な考え方は、「一を聞いて、一を調べて終わる」のではなく、「一を聞いたら十を調べる」である。

このサイクルを積み重ねる。

基礎情報をインプットし、歴史を調べ、事例を頭に入れ、一を聞いて十を調べるクセをつけていけば、仮説が湧くようになるのだ。

まとめ13

『会社四季報』を丸暗記すると、仮説が一瞬ではじき出せる。

第3章

瞬考の実践例

DXの次に来た新規事業の波

ここまでは瞬考ができるようになるために、意識、実践するべきことを書いてきた。私がお伝えできることはすべて書いたつもりだが、「では、瞬考を使って、どんな仮説が導き出せるのか」が気になる方も多いかもしれない。

そのような読者のために、第3章では、発想法の実践例、具体例を示していきたいと思う。

さて、リーマン・ショックから世間が立ち直り始めた2013年くらいから、大企業も新規事業を模索し始めた。CVC（Corporate Venture Capital）を創設したり、シリコンバレーに人材を派遣したり、さまざまな打ち手を実行してきた。

毎度のことだが、このような動きは2000年から何度も見てきた光景であり、景

図4　BCGダイヤモンド

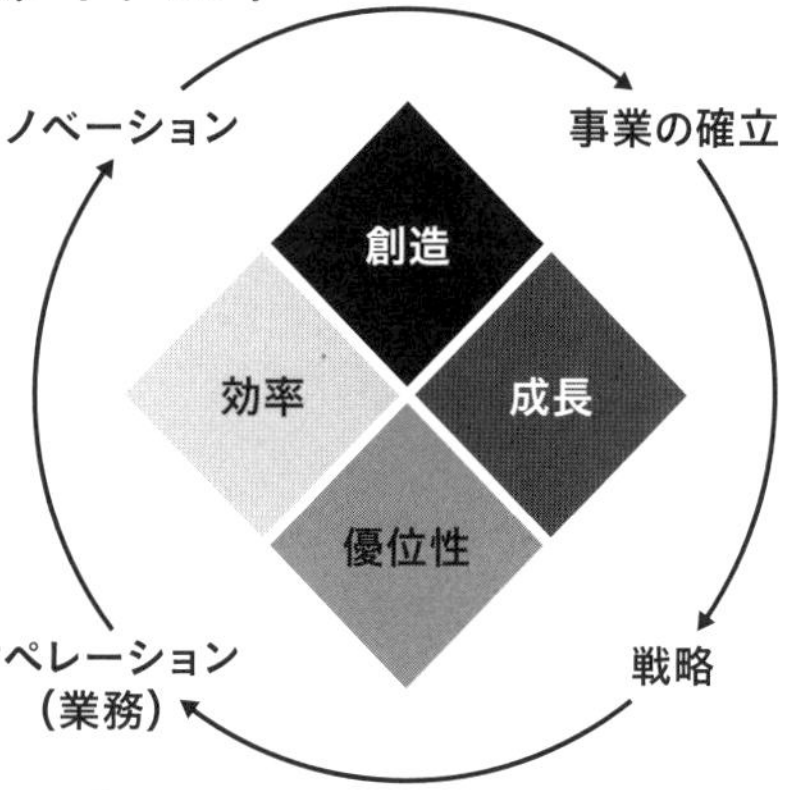

出所：『BCG 戦略コンセプト』（ダイヤモンド社）

気の鈍化とともにしりすぼみになるのだが、投資活動は多少縮小しても、新規事業の検討は続くのではないかと思っている。

企業は、創業期↓成長期↓優位性確立期↓効率性追求期というサイクルで回っている。

これは、私が４年半ほどお世話になったＢＣＧの「ＢＣＧダイヤモンド」という概念である。ＢＣＧダイヤモンドは、ＢＣＧポートフォリオやエクスペリエンス・カーブに比べると、やや地味であり、あまり使う人がいないのであるが、私は大好きなコンセプトの一つだ。

成長期はワンマンでガンガン引っ張っ

ていけばよいのだが、そのうち競合が出現する。そうなると優位性構築を行うための差別化が必要になる。すなわち戦略が必要だ。

しかしそのフェーズが終わると優勝劣敗がはっきりしてくるので、効率化を促進することでキャッシュを生み出すフェーズとなる。その頃には成長も鈍化し、効率化もやり尽くしてしまうことになるので、新たな事業を生み出す必要性が発生する。

そのため、再び創業期のフェーズに入るのだ。

どうやら日本企業の多くは1980年代後半から2000年代にかけて優位性構築期を迎え、2010年以降は効率性追求期だったのではないかと思われる。

実際、1990年代から2000年代前半には戦略プロジェクトが多くの企業で行われ、「選択と集中」という言葉がもてはやされた。

しかし、2020年を過ぎた現在、「選択と集中」という話は、あまり聞かない。

どちらかというと、コスト削減、業務改革、デジタル化（DX）。効率追求型のキーワードが多い。そして、最近は、「両利きの経営」ということだそうだ。

効率追及期も徐々に終焉を迎えつつある。

そのため、今まではCVCや新規事業の旗振りも、2000年直後のITバブルの崩壊、その後のリーマン・ショックなどで何度も挫折してきたわけだが、今回はどうもそうはいかないのではと感じている。

世の中が、創業期のフェーズに向かっているのだ。

そうなると、企業も新規事業を創出しなくてはならない。

しかし、長年そんなことはやっていないので、大企業の新規事業担当者の多くは、どこから手をつけていいかわからなかったりする。

このようなときこそ、瞬考の考え方を使う。

つまり、まずはインプットを大量に行うのである。

AIも大量にインプットを行わないと、いつまで経っても学習しないように、人間も何かを始めるときには、大量のインプットが必要なのだ。

具体的には、とりあえず日本のベンチャー企業のビジネスモデルをできる限り頭に入れることを勧めている。

グロース市場に上場している企業は2023年3月末現在で523社。スタンダード市場が1446社（JPXのサイトより）。

これらのビジネスモデルを頭に入れて、頭の中にベンチャービジネスとはどんなものなのか？　というランドスケープを作る。

そうするとさまざまなアイデアが湧いてくる。

全部が大変ならグロース市場だけでも調べてみることをお勧めする。

それも難しければ、グロース市場の時価総額上位から順にビジネスモデルを調べるだけでも、新規事業のヒントが見つかるだろう。

案外知らない会社が多数出てきて、こんなビジネスがあるのか……という驚きや発見があるはずだ。

実際にこのインプットを実践すると、社内では、ベンチャービジネスについてはそこそこ物知りになってしまう。

そのうち、いろんな人から相談を受ける立場になったりもするので、さらにベンチャービジネスに興味が湧く人も出てくるはずだ。

そうなってくると、アメリカのここ数年で上場している企業のビジネスモデルも把握してみるとよい。昔は、Form 10-k（アメリカの上場企業が米国証券取引委員会に提出する、年次報告書）や英語の文書、決算説明会のスライドを英文で読んだりしていたが、今では日本語で解説してくれるサイトが多数存在する。

私は、米国株決算マン（米国企業決算から見るビジネス最前線）が運営しているnoteを購読させてもらっている。決算発表ごとに、分析レポートが出され、最新のアメリカ企業のビジネスモデルや収益力が記載されているため、非常に重宝している。

日本の株式については、会社四季報オンラインだけでなくKabutanや東京ＩＰＯを始め、多数のサイトが存在するためそこから情報を得ているが、直近の情報は、官報ブログが運営しているnoteを購読させてもらっている。

私は、米国株決算マン、官報ブログの運営者とは、知り合いでもなんでもないのだが、彼らのサイトのおかげで、ある程度最新の情報をアップデートすることができ、非常に助かっている。

このような手順で1年くらい継続して情報を頭に入れていくと、新聞やネットで紹介されているベンチャー企業の記事も、すんなり頭に入ってくるようになる。

そうすると、ますます思考の土台が進化し、さまざまな事例がインプットしやすくなる。

そうなると、自社での新規ビジネスを見る時にも、これは、A社のパターンと同じだな……とか、自社では新規事業と思っていても、ほとんど同じことを実践しているプレイヤーはすでに存在するな……ということが瞬時に理解できるようになる。

いろんなことを学び始めると、当初より、ベンチャーに対する興味も強くなる傾向があるため、何も知らなかった時と比べて、事業に対する見方が大きく違ってくることを実感するはずだ。

まとめ01

新規事業のトレンドは今後も継続する可能性が高い。
新規事業で壁にぶつかったときは、まずは企業情報のインプットを大量に行う。

ＤＸが進むとＩＰに富が集約される

現在は、ＤＸが花盛りである。多くのコンサルティング会社がＤＸコンサルティングにシフトし、企業のデジタル化をサポートしている。

デジタル化を考えるうえで、非常に重要になってくるのが「権利」である。

漫画の世界で考えてみたい。

思い返すと、私が小中学生の頃は、漫画家といえば、『週刊少年ジャンプ』や『週刊少年マガジン』などの「雑誌に連載されている漫画を描く人」を漫画家と称していた。

手塚治虫の『ブラック・ジャック』や、水島新司の『ドカベン』を毎週楽しく読んだものである。

漫画を読むのは大学でやめようと思っていたが、いつまで経っても『ドラゴンボール』も「島耕作」シリーズも終了しないので、大学院を卒業して社会人になっても、読み続けていた。当時は、電車の中でも、漫画を開いて読んでいる若者やサラリーマンは多数見かけた。

しかし、2000年以降から、漫画を電車で読むという姿を徐々に見かけなくなり、今ではほぼ皆無に近い。漫画もデジタル化が進み、今ではスマートフォンからピッコマ、LINEマンガなどの漫画サイトで読むことができるため、雑誌を広げて読む必要がない。

スマートフォンによる漫画のデジタル化によって、漫画家の裾野が無限に広がった。かつては雑誌に連載しているのが漫画家であったため、「漫画家の数」は雑誌の数に制限を受けていたのだが、もはやその制限は取り払われた。

自称漫画家を含め、多数の人に漫画家になって作品を披露するチャンスが増えた。そのため、かつて漫画は日本のお家芸であったが、今ではフランス、カナダ、中国、韓国と世界中で漫画家が世に出ることとなった。

手塚治虫や水島新司は、ストーリー作成から漫画まですべてを行うオールラウンダーであったが、デジタル化の進行により、ストーリー作家と漫画家の分業も始まった。作品は、漫画サイトに投稿され、その後人気が出れば、収入も増える構造となった。

さらに、漫画が売れれば、その漫画をベースにしたドラマやその主題歌、ゲーム、グッズにキャラクターのアバター、そしてアバターのデジタルグッズも作られる。そして映画化し、映画館での放映、衛星放送での放映、地上波での放映、インターネット配信と、さらにビジネスを広げることが可能となる。そうなってくると、グッズやデジタルグッズの販売もさらに加速する。

このすべての根元は、漫画を書いたことにあるわけだが、収益はその漫画の権利保持者に集まってくることとなる。

漫画がヒットすれば、ドラマ化する話やグッズを作る話が山のように来る。

主題歌の話もやってくる。

そのすべては、権利を持っている主体が、Yesと言って初めて可能になる。

主題歌を作るというのなら、主題歌の著作権の一部、原盤権の一部を得ることを、漫画家が主張することも可能である。

大抵は、そんなことは知らないから、気前よく「どうぞお使いください。いいですよ」とやってしまう場合もあるが、根元の権利を保有している主体が、「権利をくれないのなら、嫌だ」とゴネてしまうと、主題歌もドラマも作ることはできない。

作成されたコンテンツは、デジタル化が促進されたことで、さまざまなメディアに展開可能となった。デジタル化が推進されればされるほど、コンテンツの権利保有者の力は強大になる。

メタバースやアバターの世界が加速すれば、さらに権利保有者が優位に立つ可能性がある。人気キャラクターのアバター化により、そのキャラクターの着ている服、メガネ、カバンなどすべてデジタルグッズ化が可能である。

メタバースの世界が広がれば、デジタルグッズを購入する人も多数増えるだろう。NFTを使って数量限定で配布すれば、新たなビジネス展開が可能である。

最近は、アーティストなども自分のアバターを作成し、デジタル化が進行している。生身の人間では、スケジュールの調整や、海外と日本という距離の問題もあり、コラボするのは難しくても、アバター同士であれば可能性がある。アバターを実際に利用したアーティストで言えば、ジャスティン・ビーバー氏とGENERATIONS

の白濱亜嵐氏のコラボも実現できるかもしれない。そのコラボライブ動画が凄まじい再生回数を取ろうものなら、リアルのコラボコンサートも実現する可能性がある。

Ｋ－ＰＯＰの女性グループで、２０２１年韓国で大ブレイクした四人組のガールズグループであるaespa（エスパ）も、アバターをそれぞれが保有している。

バーチャルなアバターでのショービジネスが加速することで、リアルでもそれを見てみたいというファンは多数出てくるはずだ。しかし、これらは、元の権利保有者に話が通ってこそできることであり、それがなければ夢物語である。

このように、デジタル化が進行すればするほど、権利保有者（ＩＰ保有者）に富が集中する。「風が吹けば桶屋が儲かる」ように、「コンサルがデジタル化を促進すれば、権利保有者が儲かる」となるかもしれない。

まとめ02

ＤＸが進むほどに、作品を作り出した権利保有者の力が増大していく。

「歴史は繰り返す」をエンターテインメント業界から考察する

戦後復興の頃のメインメディアはラジオである。その後は、映画が全盛となり、東京オリンピックを境にテレビが爆発的に普及。そして、現在に至っている。

しかし、もはや若い世代も含め、かつての時代と比較すると、テレビを家族で見る機会は格段に少なくなった。

いつの間にかテレビのリモコンにはネットフリックスのボタンがつき、ストリーミングコンテンツを楽しんでいるのが現在である。

ラジオ、映画、テレビ、インターネット動画配信と、プラットフォームが変わるたびに勝者が変わってきた。

直前のプラットフォームでの勝者が、次のプラットフォームで勝つことは非常に難しい。前のプラットフォームで成功していると、新たなプラットフォームへの移行に躊躇してしまうのだ。

そうしているうちに、新たなプラットフォームにおける先行プレイヤーは、規模を拡大し、累積経験を増やし、規模の経済性とエクスペリエンス・カーブの恩恵を受けることとなる。

そうなると、さらに差は拡大する。もはや周回遅れどころか3周くらい遅れてから、これはまずいということで、後追いを始めるが、すでに周回遅れ以上の差があると、どんなに投資をしてもそう簡単には追いつけない。

DVDレンタルサービスの切り離しでトラブルに陥っていたネットフリックスが、起死回生を狙って放った「ハウス・オブ・カード　野望の階段」が大ヒットしたのは2013年の初頭である。

当時のネットフリックスの会員数は全世界で5000万人。

もしかしたら、2010年くらいまでなら、毎月強制的にお金を徴収するNHKのほうが、規模が大きいコンテンツ放送サブスクサービスだったかもしれないわけで、このとき、ＮＨＫが思い切ってインターネット放送に切り替えていたら、どうなっていたのだろうと思ってしまう（もちろん現実的な話ではない）。

インターネット配信サービスは、ネットフリックス、アマゾン・プライム・ビデオと立ち上がるわけだが、その後、少額な投資で後追いで立ち上げても、なかなかキャッチアップは難しく、追いつくには莫大な投資を要求される。

アマゾンやディズニーのように巨大なキャッシュカウを保有していたら別だが（図BCGポートフォリオ）、そこから資金を出しているとキャッシュカウの事業で働いている人から、いずれ文句が出る。

結果、時間とともにトッププレイヤーとは差が開く一方で、キャッシュだけは流出する。そのような状況が続くと社内もギスギスしてくるので、トップのリーダーシップが相当強くなければ、継続は困難を極める。

このような場合は、次のプラットフォームを想定して、そちらに賭けてみることを

図5 アーティストビジネスにおけるBCGポートフォリオ

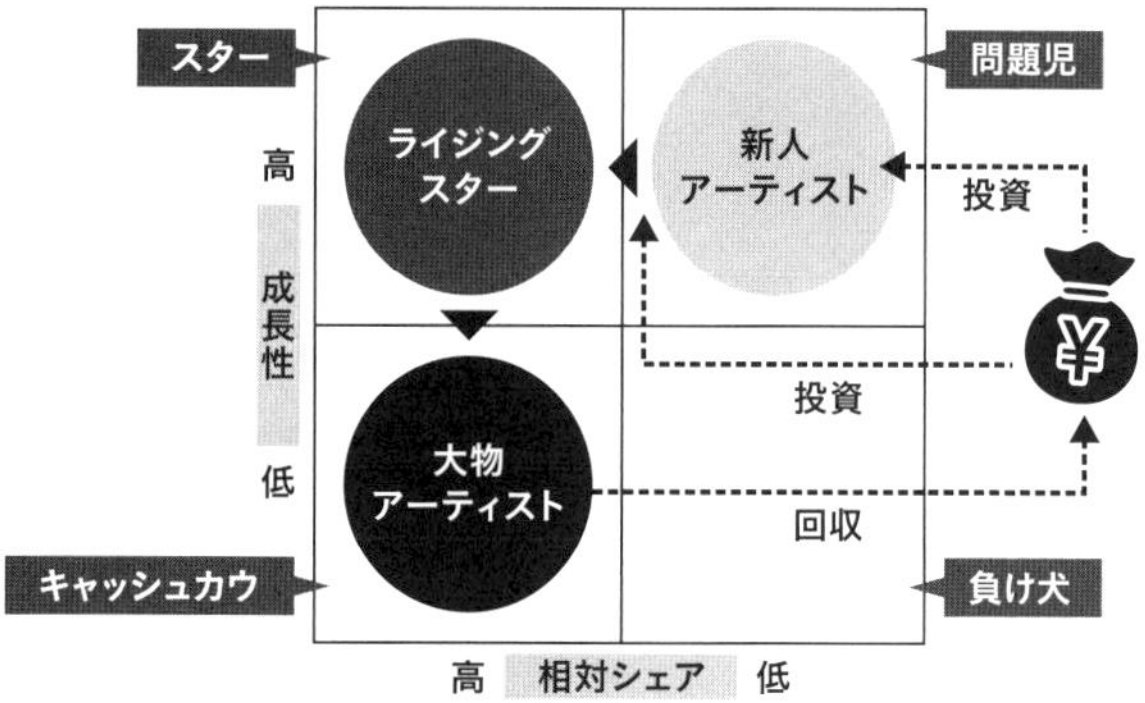

出所：『BCG戦略コンセプト』（ダイヤモンド社）、著者分析、作成

検討したほうがよい。

新たなプラットフォームが出現するか否かは不確定ではある。だが、すでに差が開いており、負け戦がほぼ確定な分野で戦うよりは、まだ未確定だが、ゼロから勝負できる分野で戦ったほうが可能性は高い。

第2章のゲーム業界の話でも述べたが、コンソールゲームで累積経験を貯め、さまざまな開発ライブラリーを保有するプレイヤーに一から戦っても厳しいが、携帯電話が出現したときには、モバイルゲームならスクラッチで勝負できる。

これで成功したのは、DeNAやグリーである。

モバイルゲームで累積経験を貯め、差別化の牙城を築き上げたプレイヤーに太刀打ちするのは厳しいが、スマートフォンのプラットフォームが出現すれば、そこでもゼロから勝負ができる。

これで伸びたのは、ガンホーやミクシィである。

同じように、現在華やかなネットフリックスやアマゾン・プライム・ビデオなどがしのぎを削るインターネット動画配信のプラットフォームで戦うよりは、来るべき次のプラットフォームを想定して、そちらに賭けてみるほうが、チャンスがあるはずだ。もちろん勝てる保証はないが、負け戦をやるよりはいいのではないかと思う。

まとめ03

現在隆盛しているプラットフォームの「次」を見越して戦略を練るほうが勝率は高まる。

「歴史は繰り返す」を証券とＮＦＴから考察する

かつて株券は名前の通り、券面＝紙であった。

現在は株式公開企業の株券はすべて電子化され、紙のものは存在しないが、昔は紙の株券の裏に譲渡者と譲受人の名前が書いてあり、「この株券が誰のものか」を判断できるようになっていた。

今考えれば、凄まじく原始的であるが、株券が完全電子化されたのは２００９年。ついこないだのことである。

しかし、一部の例外も残さず、上場株式を「すべて」電子化したというのは、誰がやったか私は知らないが、すごい功績だと思う。証券界で表彰すべきではないかとさえ思う。

この変化は、証券取引所だけでなく、証券会社を含め、多くの主体のデジタル化にも影響しているはずだ。

こうして株券はデジタル化されたが、日本における株券の名義書き換え及び決済は、証券保管振替機構（略称で「ほふり」と呼ばれることが多い）という機関が集中的に管理している。証券保管振替機構は集中管理をしているが、ブロックチェーンで分散して管理するとＮＦＴそのものだ。

証券も写真も画像も音声もすべて、デジタル化してしまえばデータである。アイドルの写真の貴重なデジタル画像だろうが、デジタル絵画だろうが、そのデータを誰が保有しているのか？　売買したら名義が誰に変わるのか？　というのは、今や完全デジタル化した株券の名義書き換えとなんら変わりはない。

株券であれば、その資産価値が計算され、ネット証券の画面を叩けば「あなたの株式資産は〇〇万円」と、すぐに出てくる。

その株券を担保にして融資を受け、新たな株券を購入することもできる（信用取引）。保有している株を貸し出して、金利を得ることもできる。

となると、これからＮＦＴによるデジタルデータの取引が盛んになれば、デジタル画像の資産管理サービスが出るかもしれない。

その資産を担保にして融資を行う信用取引も出るかもしれない。

また、一時的にデジタルデータ画像を貸し出して、金利を得ることができるかもしれない。証券で可能であれば、資産価値のある他の画像データでも可能である。

このように、「証券のデジタル化による名義書き換えとＮＦＴは実はメカニズムは同じではないか？」と仮説が立てば、それなら証券と同じように信用取引や貸株、資産管理サービスなどの金融サービスが生まれる可能性があるのか？　それともないのか？　など発想を膨らますことができる。

これも瞬考から出てくるビジネスチャンス仮説である。

まとめ04

株券のメカニズムから、デジタルデータによる金融サービスの可能性が考察できる。

神社とファンクラブビジネスの共通点を考察する

神社とファンクラブ。一見、共通点がないように思えるが……。

―お賽銭＝投げ銭
―おみくじ＝ガチャ
―破魔矢・お守り＝グッズ
―お経＝アルバム
―お祭り＝ライブ
―お祭りの出店＝コンサート会場のグッズ販売

神社とファンクラブを比較して構造を見ると、かなり共通点があるように思われる。また、著名な神社の会報などはファンクラブ通信とも言える。

しかし、似ているのは神社だけではない。

政党なども、ある側面から見ればファンクラブと共通の部分が存在する。華道や茶道も、「〇〇流」というような流派が存在する。総本山があって、お師匠さんがいて、生徒さんがいるわけだ。空手や柔道も流派があり、それぞれお師匠さんがいて、世界中にフランチャイズがある。

ファンクラブの場合は、ファンが友人をファンクラブに誘う。

そのため、ファンがファンを呼ぶ。

広告をガンガンするというよりは、口コミで広がる。

著名人の売り出す化粧品が飛ぶように売れ、著名YouTuberが紹介する商品が売れるのは、まさにファンクラブビジネスそのものだ。

これらを考えると、SNSで人々がつながった今、歴史のある神社の仕組みや、政党、華道、茶道などの仕組みを知ることは、ビジネスにも大きな学びになるはずだ。

また、最新のテクノロジーを駆使してデジタル化することで、免状や黒帯の管理、昇段試験などの管理も世界で統一した規格で実現できるかもしれない。

そうすれば、昇段試験の結果の承認や、昇段試験のマネタイズをデジタル上で一気通貫で、それも国内だけでなく世界規模で行える可能性がある。

まとめ05

神社や伝統芸能のメカニズムにビジネスのヒントが眠っている。世界規模で広がっている分野をデジタル管理すれば、世界規模のマネタイズチャンスがある。

レコードの復活と書籍の未来を考察する

２０２０年、アメリカではレコード盤がＣＤの売上を追い抜いた。

イギリスでも、すでにレコード売上がＣＤの売上を越えている。

日本においても、２０２１年のデータではレコードの売り上げが前年比１７４％となり、レコードが復活している。

イギリスのレコード産業協会によると、以前は過去のレコード盤が売れていたが、２０２２年はその年に出した新譜のレコード盤が売れているとのこと。

単なる一時のブームではなく、継続してレコード盤が売れているそうだ。

レコード盤が衰退し、ＣＤが流行した。その後、ネットの普及によってＣＤが衰退し、配信で音楽を楽しむのが主流となった。

そして今再び、レコード盤が売れ始めている。一方、書籍の世界はどうだろうか。本は年々売れなくなっているという嘆きが、あちらこちらから聞こえてくる。スマートフォンが普及し、紙書籍の売れ行きは必ずしもいいわけではない。

しかし、レコード盤同様、アナログな本でしか味わえない何らかの価値を作ることができれば、そこにはビジネスチャンスがあるはずだ。

2013年、「スター・トレック」の監督であり、「LOST」のプロデューサーであるJ・J・エイブラムスが『S.』という本を出版した。

日本では、当時ほとんど話題にならなかったが、この本を見たとき、衝撃を受けた。日本では販売していなかったので、アメリカの友人に頼んで10冊ほど買ってきてもらった。『S.』は、大学生と図書館員が、手紙やノート、記事などを手がかりに、戦前に起こった悲惨な事件の謎解きを進めていくという物語だ。

その手紙やノートが本に実際に挟まっている。

大学生と図書館員のやりとりが、本の余白にびっしりと記載されており、そのやりとりがストーリーとなっている。

本の中に挟まっている新聞の切り抜きや、手紙、ポストカードは非常に精巧にできており、もはや本ではなくグッズだ。値段も７０００円くらいした。

そして、本そのものがストーリーの重要な位置付けになっている。

このように、本を「今までの本」としての位置付けではなく、ミステリーの小道具として位置付け、それ自体を販売するというのは非常に斬新な考え方だ。

よく考えると、ＣＤも、「音楽を聴くためのもの」というより、もはや写真集のようなグッズとなっている気がする。

そもそも、ＣＤで音楽を聴いている人がどれほどいるのだろうか。

ＣＤプレイヤーさえ持っていない人がほとんどではないだろうか。

本の位置付けを変えることで、新たなビジネスチャンスが生まれる可能性がある。

まとめ06

デジタル化によって影響を受けた分野はアナログならではの「別の価値」で訴求すべき。

ＢＴＳの曲作りとLinuxを考察する

かつての曲作りは、作詞家と作曲家の二人がいればそれでよかった。シンガーソングライターに至っては、一人で全部やる。

日本においては、作詞印税３％、作曲印税３％、歌唱印税１％が大体相場なので、シンガーソングライターは７％の印税が入る。

昔は、レコードやＣＤがヒットすれば１００万枚単位で売れたので、凄まじい印税収入になったわけだが、かってほどＣＤが売れなくなった今ではそうでもないはずだ。よって、なるべく少人数で制作したほうがよいというのが、日本の発想かもしれないが、Ｋ－ＰＯＰではまったく異なる。

Ｋ－ＰＯＰの曲作りは、下手すると10人くらいが関わっている。

ＢＴＳが新たな曲を作るとなると、世界中からメロディーメーカー、トラックメイカー、作詞家が集まってくる。

ＢＴＳという魅力的な池に、我先に飛び込んでくるのだ。

そのため、著作者としてクレジットされていても、二小節だけ担当、四小節だけ担当などの著作者も存在すると言われている。

10人もいると取り分が少なくなりそうだが、彼らの場合は市場が世界であり、凄まじく売れるので、まったく問題ない。世界中のトップクラスの作詞家、作曲家が参加して作り上げるわけだから、当然素晴らしい曲ができあがる。

コンピュータの世界でも、ＵＮＩＸコンピュータが市場に出たとき（１９８０年代後半から１９９０年代前半）は、ヒューレッド・パッカード、ＩＢＭ、ＤＥＣ、サン・マイクロシステムズとそれぞれが独自のＯＳを作っていた。

ところが、どこのメーカーにも属さないLinuxがＵＮＩＸのＯＳを席巻する。

Linuxの開発に参加していたのは、ＩＢＭのエンジニアかもしれないし、ヒューレット・パッカードのエンジニアかもしれない。

世界中のエンジニアが参加し、不具合が出ると、すぐにパッチを当てて修正するので、どんどん改善していく。自社のＯＳは改善が遅れたりするので、お客様に文句を言われるわけだが、Linuxは誰かがすぐに修正する。

これはエンジニア同士が１９９０年代初頭、ネットでつながり出したので、できたことである。

つまり、コンピュータもネットにつながって、人間同士がつながると、世界中から優秀な人材が集まって、開発できるということだ。

曲作りも、Linux型に変わりつつあるが、他の分野でも同様のことが起きる可能性がある。

まとめ07

ＢＴＳ、Linux型の作品作りがネットワーク時代の勝ち筋となる。

経済アナリストより、投資家より、2年早く「伸びる企業」を見つける方法

2021年はコロナ禍の真っ最中だったが、IPOは活況であった。米国株式市場でのIPOは、3D開発プラットフォームのユニティ・ソフトウェアが2・4兆円の時価総額をつけ、クラウドデータプラットフォームのスノーフレークは7・2兆円という大型の上場となった。

他にもログ管理とセキュリティ分析のスモーロジック、ドイツの新型コロナワクチン開発企業であるキュアバックも2021年8月に大型上場した。キュアバックは、ドイツSAPの共同創業者であるディートマ・ホップ氏が50%以上の経営権を握っており、ドイツ政府が23%を保有、マイクロソフトの創業者であるビル・ゲイツ氏も出資している。

一方、スノーフレークにはウォーレン・バフェット氏やセールスフォースのベンチャーキャピタル部門も投資している。

このように、ほとんどのＩＰＯがテクノロジーかヘルスケア関連になっており、それ以外の産業は成長分野とはあまりみなされていない。

その後、アメリカ金利の上昇で、ナスダックマーケットは大幅な痛手を受け、新興市場は低迷したものの、ChatGPTのOpenAIが突然現れたように、これからも、多くのテクノロジー企業が出現するはずだ。

さて、現在の法人向けソフトウェア／ハードウェア市場は、セールスフォースをはじめとするSaaSの企業が花盛りだが、振り返ってみると色々変遷がある。

１９８０年代、飛ぶ鳥を落とす勢いだったサン・マイクロシステムズ、１９９０年代に急成長したドイツのＳＡＰ、オラクル、シスコ、２０００年代はセールスフォースと、各時代に新たなスター企業が登場した。

この10年はサービスナウ、ワークデイ、オクタ、クーパ・ソフトウェアと魅力的な企業が多数出てきている。

一方、復活組もある。

半導体では、ゲーム向け半導体と見られていたエヌビディアが、ＡＩ時代に破竹の勢いだ。

5、6年前は時価総額が２０００～３０００億円程度だったＡＭＤ（もともとはインテル互換チップで有名）はエヌビディアの好敵手となり、ＧＰＵで息を吹き返した。

現在の時価総額はインテル16兆円、ＡＭＤは、インテルを凌ぐ21兆円（２０２３年３月現在）である。

ちなみにエヌビディアは86兆円である。

２０１５年の7月にドリームインキュベータのセミナーで、「プラットフォームが変わると半導体の覇権が変わる」という話をしたことがある。

――パソコンはインテル

――携帯はクアルコム

――ＡＩ、自動運転ではエヌビディア

各分野の覇権企業はこうなるという話をしたが、聴衆の反応は薄かった。

そもそもエヌビディアという会社を知る人が、当時はほとんどいなかった。

２０１５年は株価はほとんど反応していなかった。ＡＩといえばグーグルやフェイスブックがトップクラスのＡＩエンジニアを多数採用していた頃で、日本はグーグルやフェイスブックとＡＩでどのように戦うかという議論が政府の会合でなされていた。

私はその会合で、次のように主張していた。

ＡＩを動かすのは半導体であること。半導体の日本の技術者は過去の積み上げ、歴史、研究者のレベル・数的にも世界でもトップクラスであり、数も多く裾野も広いこと。一方、ＡＩ分野では世界と戦える研究者やエンジニアはまだ日本国内には少なく、裾野が狭いので、ＡＩに大金を投資するより、プラットフォームが変わるこのタイミングで半導体に投資すべきと話したが、力足らずで賛同者はいなかった。

結局流行りのＡＩに大量に資金が投入されたが、世界と戦えるような気配はない。

基本的に、強いところをより強くするほうが、競争相手をより引き離すことができるわけで、競争劣位を覆すには、凄まじい投資を行うか、フォーカスして新たな特殊な戦略に賭けるしかない。

トッププレイヤーと同じことをやっていても、投入資源が大幅に劣位するうえに、そもそも負けているわけだから、追いつきようがないと考える。やるならまったく違う戦い方が必要だ。

そんなこともあって、エヌビディアに注目している人はドリームインキュベータ社内でも少数派だった。今では、多数の人がエヌビディアに注目しているが、2015年の話なので、エヌビディアが来る確証もなかった。

「セミナーでそんな話をしてもいいのか?」とも思ったが、仮説を補強してくれたのは、ホンダのF1エンジニア出身でドリームインキュベータに転職してきたY君であった。

セミナーの数ヶ月前、彼が母校の東工大の研究室に行くと、みんなエヌビディアのチップを使っていたことに驚き、「これは動きがあるのではないか」と言い出した。

その数ヶ月前に、アメリカのインテルの研究者や、カッティングエッジ（最先端）のエンジニアたちと常にディスカッションしていたベンチャーの社長に話を聞くと、「インテルのトップクラスの研究者たちは、一番怖いのは、クアルコムでもアームでもなくエヌビディアと断言していた」と教えてくれた。

「エヌビディアが作ってるのはシリコングラフィックスみたいなゲーム用チップでしょ」と私が聞くと、「違いますよ、グラフィック半導体から発展して、GPUなるものを作っていますよ」と教えてくれた。2014年暮れのことである。

その後は、エヌビディアのジェン・スン・ファンCEOのプレゼン映像を手分けして試聴した。

プレゼン映像を含め、あまりに多くのエヌビディアの紹介ビデオを観たために、黒いライダースジャケットで自社のGPUについて熱弁を振るうジェン・スン・ファン氏の姿が目に焼きついてしまい、元エンジニアであった私とY君は、すっかりエヌビディアのファンになってしまった。

さて、何が言いたいかというと、当たり前だが、優秀なエンジニアが一番早く新しい技術を見つけるということである。

コンサルタントよりも証券アナリストよりも、何よりも、優秀なエンジニアのほうが、試して触って開発しているわけであるから、はるかに反応は早い。

1990年代初頭、ルーターやブリッジというネットワーク製品は当初ヒューレット・パッカードがリードしていた。

シスコの製品は安価で「安かろう悪かろう」だと思い込んでいたが、優秀なエンジニアが次々とシスコに転職していった。

その後あっという間にヒューレット・パッカードはシスコに抜き去られ、数年後にはシスコのルーターをヒューレット・パッカードで販売していた。同様に、データベースのエンジニアもオラクルに転職していった。

実際に世の中や、株価が反応するのは、エンジニアたちの民族大移動が始まって数年経ってからである。

よって、「次に来そうな技術や会社はどこですか？」と聞かれたら、コンサルタントにお金を払って聞いてもらってもいいが、私は次の方法をお勧めしている。これが一番効率的なやり方だ。

アメリカのハイテク分野のヘッドハンター数名と定期的にディスカッションを行い、エンジニアの動向について定点観測するというものだ。

自社の人材採用のみならず、グローバルで大きな人材の動きがどうなっているかをディスカッションすることは大変意味がある。

本当はリンクトインあたりが、最もこの動きを知っているはずである。

イケてるエンジニアの動態を見れば、次にどんな分野が来るのかが推測できる。

まとめ08

エンジニアの行動を見れば、どんな企業が成長するか、経済アナリストや投資家より早く予測ができる。

成長企業を見つける方程式

ドリームインキュベータを創業して間もない２００２年の暮れ、一緒に働いていた当時20代のプロフェッショナルのM君に以下の宿題を出した。

「来年、ベンチャー向けセミナーをするから、成長し続けるベンチャーとは何か？考えてほしい」

当時M君は20代前半、論点を出したうえで、成長し続けるベンチャーの定義を決めてあげた。すでに四季報ＣＤ－ＲＯＭがあったが、分厚い『会社四季報』も渡して、分析してもらうことにした。

１９９２年から２００１年までの10年間、地方上場または店頭市場から東証へ昇格した企業をすべてリストアップして売上・経常利益のデータを獲得し、そこからステップ2、ステップ3、ステップ4、ステップ5とスクリーニングを行ってもらった。

彼の努力の甲斐があって、非常に面白い結果が出た。ステップ4に残った企業は8社、最終段階のステップ5に残った企業は5社であった。

今から20年前の分析という前提で見ていただきたいのだが（社名は当時のままである）、5つのステップをメカニカルに行った結果は左図の通りである。

2003年にM君が出した分析結果は、1位がドン・キホーテ（現在はパン・パシフィック・インターナショナルホールディングス）、2位がパーク24。

成長率で言うとドン・キホーテが圧倒的であった。

今でこそ売上1兆8300億円、時価総額1兆6000億円の企業であるが、当時のドン・キホーテは売上1200億円。今の10分の1以下の大きさであった。当時は、同業他社のMrMaxや北辰商事という会社と肩を並べ、2000年、2001年に一気に抜き去った頃である。

2位のパーク24も、2021年はコロナ禍で苦労したものの、2022年の売上は2900億円、経常利益206億円という大会社。2002年当時は、売上450億

図6 成長企業を抽出するメカニズム

IPO後も成長し続ける企業の定義

ステップ1	1992年～2001年までに、地方上場又は店頭から東証へ昇格した企業	408社
ステップ2	うち一度でも単年度経常利益が赤字となった企業は除く	344社
ステップ3	うち1992年～直近の年間平均増益率*が40%未満の企業は除く　＊情報公開し始めた年から2002年の増益率	51社
ステップ4	うち一度でも減益になった企業及び外資の日本支社、大手企業の系列除く	8社
ステップ5	うち業界後位の企業は除く	5社

各ステップにおける企業群

ステップ3(51社)

ドン・キホーテ
パーク24
バイテック
秀英予備校
シートゥネットワーク
ガリバーインターナショナル
ホクト産業
京都きもの友禅
メガチップス
メガネトップ
サミー
アーバンコーレイション
ジョイントコーポレーション
ピープル
スリーエフ
キョウデン
ポプラ
アルゴテクノスニ十一
ディーディーシーソフトウェアエンジニアリング
ゴールドクレスト
日本ピラー工業
富士エレクトロニクス
エニックス
ユニダックス
リソー教育
ベンチャー・リンク
スギ薬局
トップカルチャー
日本総合地所
ユニマットオフィスコ
ロック・フィールド
日本オラクル
オークネット
トレンドマイクロ
ドウシシャ
コロワイド
もしもしホットライン
光通信
キューサイ
松田産業
リンガーハット
ワタミフードサービス
武富士
ラウンドワン
良品計画
ファーストリテイリング
キャッツ
サニックス
三城
富士ソフトウェア
乃村工藝社

ステップ4(8社)

ドン・キホーテ
パーク24
シートゥネットワーク
ホクト産業
京都きもの友禅
ジョイントコーポレーション
スリーエフ
ポプラ

ステップ5(5社)

ドン・キホーテ
パーク24
シートゥネットワーク
ホクト産業
京都きもの友禅

出所：ドリームインキュベータ2003年セミナー資料より

円、経常利益は45億円前後であった。

ステップ３の経常利益の10年間の年間成長率が40％以上というのは、かなりハードルが高く、さらにステップ４の、10年間一度も減益になったことがないという条件は、10年間成長を続けたという証明である。

すなわち、ビジネスモデルが盤石で、今後も成長する可能性が高いということを示していた。

さて、何が言いたいか。

当時のM君は、通信機メーカーの社員から転職してきたばかりで、ＭＢＡの知識もなければ、ビジネス経験も2年程度であった。

もともと性格も明るく、地頭がよい優秀な若者であったが、上場企業のデータと格闘したため、彼はどんな分野が成長するのか、どんな企業が存在するのか？　というのを10日間ほどで、手触り感を持って把握することとなった。

その後、ステップ5まで残った5社の事例研究を行い、共通するエッセンスを抽出して２００３年にベンチャー企業向けセミナーを行った。

現在M君は、たくましく成長し、ドリームインキュベータを退職して東南アジアで事業を立ち上げている。

今回ご紹介したのは、2003年頃に行った分析結果である。

これを今、行っても、色々と示唆深い結果が出るはずだ。

上場企業データを分析するツールがSPEEDAやバフェット・コードなど多数登場しているので、昔みたいに手入力しなくてもよくなった。

バフェット・コードは無料でかなりの分析ができる。我こそはという方は、ここでお伝えした「成長企業を抽出するメカニズム」であるステップ1からステップ5を実践してみると、誰もが知らない新たな発見があるはずだ。

まとめ09

「成長企業を抽出するメカニズム」で企業情報を調べる過程で、自分だけが知っているメカニズムを発見できる。

みんなが飛び込んでくる池を作る

ベンチャーの世界では、ピッチイベントが花盛りだ。

ベンチャーキャピタルだけでなく大手企業も乗り出し、多くの起業家が参加している。

今から二十数年前、「めぼしいベンチャー企業をどのように探すのか?」と、あるベンチャーキャピタルのマネージャーに聞いたことがある。

当時、「基本は、新聞や雑誌を見て、よさげなところに訪問する」とのことだった。SNSも、ピッチイベントなども、まったくなかった頃である。

しかし、アメリカのスタートアップ支援・起業家の養成を行うYコンビネーターの出現以来、足で稼ぐというよりは、集まる仕組みを作る方式に変化してきている。

このメカニズムは、昨今やたらと行われているＫ－ＰＯＰをはじめとするさまざまなオーディションのスキームとほぼ同じだ。

かつては、街でスカウトし、アイドルを育成するというステップであったが、現在はオーディションが花盛り。そこでスクリーニングした後、育成・デビューという道を辿ることとなる。

この方式のルーツは１９７１年、日本テレビが行った視聴者参加型・公開オーディション番組、「スター誕生！」にある。

「スター誕生！」は厳しい予選を勝ち抜いてきた挑戦者数名が、歌合戦方式で競い合う。これはまさにピッチイベントだ。決戦大会では、芸能事務所のスカウトが多数集まり、自社で育成したい新人に対しては札を上げるという方式である。

こうやって比較するとまさに、Ｙコンビネーターそのものだ。

山口百恵も小泉今日子も「スター誕生！」から出てきたスターである。

この方式だと、芸能事務所にとっては、非常に効率的に才能のある新人を見つけることができる。

テレビ局からすれば、芸能事務所に新人を紹介するという関係になるので、芸能事務所とのパワーバランスで優位に立てるという側面も存在する。

これはYコンビネーターとベンチャーキャピタルとの関係でもありえるはずだ。しかし、オーディション番組が何度も繰り返されるようになった今、しかも、SNSで世の中がつながっている状況で、「オーディションで初めてこの新人を見た」というスカウトなんているのだろうか。

このご時世、甲子園で初めて、こんなすごい投手を見つけたというプロ野球のスカウトがいるのか、という疑問と同じである。

どちらにしても、オーディションの胴元であるYコンビネーターや当時の日本テレビの立ち位置は強くなる。

「みんなが飛び込んでくる池」を作れば、そこに優秀な新人や起業家が集まってくる。世の中がつながった現在、みんなが飛び込んでくる池を作るというのは、ビジネスの基本かもしれない。

みんなが飛び込んでくる池を作るということを、私に実践形式で教えてくれたのは、フジテレビで「オールナイトフジ」や「夕やけニャンニャン」という番組のプロデューサーをやっていた笠井一二さんだ。

笠井さんとは、恵比寿の小料理屋でお会いしてから十数年になる。

当初は、そんな有名人だとは知らずに、船釣りやゴルフなどよく遊びに行った。

釣りやゴルフをするとなると一日一緒にいることになるので、いろんなことを教えてもらった。

中でも「みんなが集まる池を作る」という言葉は、最も印象に残っている。

２０１４年頃のある日、笠井さんといつものように白金台の小料理屋で食事をしていたとき、私が「これから日本でも、テレビ局だけでなく、ネットフリックスやアマゾン・プライム・ビデオなど多数のインターネット動画配信サービスが出てきますよ」と話したところ、「そんなのがどんどん出てくると、ドラマや映画の監督不足に陥るなぁ。映画監督は、映画を作らないと育たないが、若い監督の卵は映画を作るチャンスがない。たいてい貧乏しているので映画を作る資金もない。つまり放っておくと、永遠に若い監督が育たない可能性がある」と話をされた。

笠井さんは不思議な人で、どこからアイデアが湧いてくるのか、いつもさっぱりわからない。

本人にも聞いてみたが、アイデアの源泉はどこにあるのか、いまだに謎である。

そのときも、彼は2、3分くらい考えて、「こんなのどうですかねぇ」と、未完成映画予告編大賞の構想を話し出した。話は、こうである。

――世の中には優秀な監督の卵たちがいるはずだが、どこにいるかはわからない
――探しに行くには膨大な時間と手間がかかる
――よって、優秀な監督の卵が集まる池を作ることにする
――まずは監督の卵たちに、自分の作りたい映画の予告編を3分で作成・応募してもらう
――3分動画なので映画を作るよりは、はるかに低予算で制作可能である
――その予告編のオーディションをして、将来の有望監督候補である未完の大器を集

める
――3分動画だから審査する側の手間も少ない
――優勝の副賞は、3000万円相当でその監督が映画を制作できる権利にする
――著名な監督が指導しサポートする

こちらから優秀な監督の卵を探すのは大変だから、優秀な監督が集まる池を作ると言うのだ。よくもこんなことを2、3分そこそこで思いつくなぁと感心していると、「山川さんは資金を集めてください。私はサポートしてくれる監督たちと交渉します」と、小料理屋での話が一気に進むこととなった。

そういえば、私がまだ大学生だった頃、『天才秋元塾　君もなれるぞ！　おニャン子成金』という本があった。コンセプトとしては、おニャン子クラブのアイドルの写真を見ながら作詞して、応募するというものだ。

秋元康さんが審査して、優秀な作品は、おニャン子ソングの歌詞に一文取り入れてもらえるとのこと。そうすると、印税が入ってきて「おニャン子成金」になれるとい

う話である。

本の作りは、ページを開くと、左ページにはおニャン子の写真。右ページには作詞用の原稿用紙のマス目があるだけである。あとは応募要項が書いてあるのみ。

そんなばかばかしい話に応募する人がいるのかなぁと思うかもしれないが、当時はフジテレビの一部屋が、送られてきた封筒で埋まるほど応募が来たそうだ。

その当時、応募している若者も、薄々勘づいている。

「これは、きっとフジテレビの思う壺にはまっているのでは？」という疑念を抱きながらも、せっせと応募するのだった。

私は、どうやらこれが、3分動画の未完成映画予告編大賞の原点なのではないかと思っている。未完成映画予告編大賞の構想と、『天才　秋元塾　君もなれるぞ！　おニャン子成金』はみんなが飛び込んでくる池を作るという点で、メカニズムとしては同じだ。

未完成映画予告編大賞から出てきた監督の作った作品には、2021年に公開された「猿楽町で会いましょう」と2022年に公開された「ミラクルシティコザ」などがある。

普通、映画を作るとなると、原作やスポンサーをはじめ、製作委員会などの出資者と関連主体が多数存在するため、どうしてもさまざまな制約が入ることになる。

しかし、これらの映画は完全オリジナルなので自由に制作できる。

小料理屋での雑談から始まった話は、その後、現実となり、優秀な若い監督に映画を作ってもらう場となった。

何もなかったところに、新たなものが生み出されたわけだ。

「みんなが集まる池を作る」というのは、ビジネスをするうえで、とても重要なメカニズムである。

まとめ10

「自分から才能を探しに行く」のではなく「みんなが飛び込んでくる池」を作ることで、パワーバランスで優位に立つことを目指す。

コモディティ化したらひねりを入れろ

どんなに新しいことを仕掛けても、いずれコモディティ化する。

誰もやっていないと思って、四季報丸暗記をして企業を熟知しても、オーディション形式でベンチャーやアーティストを集めても、みんながやればいずれ差がつかなくなる。

そうなったら、別のことをやるしかない。

みんなが『会社四季報』を読み出したら、アメリカ企業の情報を集める。

みんながアーティストをオーディション形式で集め出したら、直接グローバルで分散したスカウトネットワークを作るなど、工夫を行うしかない。

韓国では日本以上にK－POPのオーディションが盛んだが、このオーディションに出てくる新人の卵について、ほとんどの韓国の事務所のスカウトはすでに把握済みである。オーディションに出てくる段階で、すでに情報としてはコモディティ化しているのだ。

先ほど述べたように、オーディションで初めてこんなにすごい新人を見たというような話は、SNS時代の現代では存在しない。

どちらかというと、オーディション番組で自然とファンがつくことを期待しており、新人発掘の場という感じではない。

ベンチャーの世界でも同様であろう。ピッチイベントで、初めてこんな凄いベンチャーを知ったというベンチャーキャピタリストだと、その世界で成功するのは厳しいはずだ。

結局は、自分で独自の情報ネットワークを作っておかねばならない。

K－POPのスカウトもベンチャーキャピタリストも、メカニズムとしては非常に似ている。

Ｋ－ＰＯＰのスカウトの場合、新人でスカウトの仕事を始めるわけだが、世界中に広がるスカウトネットワークを構築し、そこから情報を集め、候補を発掘する。

スカウトネットワークは、人間同士の関係であるため、10年もやっているとそのネットワークに自分も組み込まれ、独立する。

ベンチャーキャピタリストも同じような構造だ。こちらは資金集めとベンチャー発掘の両方が必要だが、ベンチャーキャピタリスト同士のネットワーク、投資家とのネットワークを構築しなくてはならない。

これが構築できると、独立してビジネスを始めることが可能となる。

戦略コンサルタントの場合、大学時代の友人関係を別とすれば、競合のコンサルタントとネットワークを作ることはほとんどないが、ベンチャーキャピタルは必ずしもそうではない。ここは戦略コンサルタントとベンチャーキャピタリストの大きな違いである。

戦略コンサルタントからベンチャーキャピタリストになる人も最近では増えてきているが、私自身、どちらも経験したが、両者には大きく違いがあると感じる。

同じプロフェッショナルでも、さまざまなネットワークを要求されるベンチャーキャピタリストと、戦略コンサルタントでは求められるケイパビリティには違いがある。

他の職種と比較してみると、次のように整理できると考えている。

――起業家

――ベンチャーキャピタル（大きな溝）

――（再生などの）プライベートエクイティ

――コンサルタント

どちらにしても、これからはスタンドアローンで戦う時代ではない。

ネットワークで戦う時代だ。

ネットワークにつながっていないコンピュータにはパワーがないのと同様に、ネットワークがないビジネスパーソンには厳しい時代になる。

いくら頭がよく切れ味があっても、相手から「情報ネットワークに組み入れたい」

と思われなければ、スタンドアローンで戦うこととなる。ＩＴの歴史を振り返ると、スタンドアローンのスペシャリストコンピュータは捨てられてきた。

よって、良質のネットワークに組み入れてもらうための差別化が必要となってくる。まだみんながやっていないこと、付加価値のある何かが求められる。

まとめ11　コモディティ化に立ち向かうヒントは「ネットワーク」にあり。

困ったら歴史に立ち帰る

ネットフリックスは、ネットで顧客から注文されたＤＶＤを郵送するモデルがスタートである。その後、インターネットで動画配信する会社になっているが、元はオンラインＤＶＤレンタルサービスの会社である。

顧客の発注データを分析し、顧客に対し次は何を観たらよいかをリコメンドするサービスを展開。ＤＶＤレンタルとしては全米1位のプレイヤーであったが、そこから動画配信サービス事業をスタートさせた。

同じく動画配信を現在行っているディズニープラスとは出自が大きく異なる。

どちらかというとネットフリックスはアマゾン・プライム・ビデオに近い。

最初のビッグヒットとなった「ハウス・オブ・カード　野望の階段」も、顧客データを徹底的に分析し、どの俳優で、どの監督で制作すべきかをデータからあぶり出している。

現在、アマゾン・プライム・ビデオ、ディズニープラスなどと熾烈な争いを繰り広げているが、市場が飽和してくると、それぞれ打ち手を講じてくるかと思うが、ネットフリックスの出自が何らかの影響を与える可能性がある。

企業の出自が影響を与えている例として面白いのが、ソニーとパナソニックである。かつては、ソニーのトップはエレキ（エレクトロニクス・ビジネス）出身でなくてはならないという趣旨の記事を多数見かけたが、今やそんなことを言う人は誰もいない。ソニーはゲーム、音楽、エンターテインメント分野などが事業を牽引している。ソニーがエレキの会社であるというのも、言われてみればそんな気もするが、どちらかと言うと、ちょっとおしゃれで贅沢な商品を作る会社というイメージのほうが近い。

ソニーの創業者である盛田昭夫氏は、名古屋の裕福な家庭のご子息で、子どもの頃から蓄音機や、ライカのカメラに囲まれ、当時の一般的な家庭と比較すると、贅沢なモノと一緒に過ごしていた。

そのような出自が影響しているのか、ソニーは日本初のトランジスタラジオ、テープレコーダーという、当時ではどこの家庭でも買えるものではない、ちょっと贅沢な商品からスタートしている。

一方、松下幸之助氏は、子供の頃から丁稚奉公に出され、その後会社を設立。当時は、電球のソケット、電球、電池という国民生活には欠かせない商品を提供している。

ちょっと贅沢な遊び心のあるソニー。

国民生活に欠かせないパナソニック。

両社には、創業者の出自がカルチャーとしてどこかに残っており、それがよくも悪くも影響しているように感じる。

その昔、ソニーが映画会社のコロンビアを買収すると、パナソニック（当時の社名は松下電器産業）も映画会社であるユニバーサルを買収した。ソニーがゲーム機プレイステーションに進出すると、松下もゲーム機３ＤＯに進出したが、松下は、映画もゲーム機もともに撤退している。

ソニーが買収したコロンビアはその後ソニー・ピクチャーズとなるが、買収後に凄まじい赤字を垂れ流すものの、撤退せずに現在に至っている。今ではハリウッドを代表するスタジオであり、「スパイダーマン」をはじめ数多くのヒット作を保有している。

会社の出自を振り返ると、そこに刻まれたＤＮＡがどこかに潜んでいる。そのＤＮＡが何らかのメカニズムを動かしていることは間違いないはずだ。

これは個人のキャリアでも同様である。

歴史の横軸を長く取ると、これからのキャリアのメカニズムが浮かび上がってくる。

まとめ12

会社が苦境に陥ったとき、出自にあるＤＮＡを紐解けば、何らかのヒントが見えてくる。

個人のキャリアもメカニズムで戦略を立てよ

昭和はサラリーマン全盛の時代。平成はスペシャリストの時代であった。

しかし、スペシャリストが増えた今、もはやコンサルタントも会計士も弁護士もかつてよりはるかにコモディティだ。

今から参入しても、そこはレッドオーシャンである。

もちろんスペシャリストを目指すのも悪くはないが、世の中がインターネットによってつながってきており、情報も透明化されつつある。そうすると、仕事の指名は各分野のスペシャリストもトップ層に集中してかかるようになるはずだ。

前述したが、曲作りも、作詞に数名、メロディーに数名、トラックに数名と、制作に携わるメンバーを世界から集めて束ねるプロデューサーが不可欠である。

漫画も、作画・ストーリーと分業制を取りまとめるプロデューサーが必要だ。よって、人々がつながったこれからの時代は、プロデューサーの時代である。誰にどのような能力があり、どのようなことが得意かを把握して、物事の実現に向けて、最適な人を集め、実行をプロデュースする人材、「ビジネスプロデューサー」が求められる。

このドラマには、「この俳優とこの俳優、そしてこの脚本家で、この監督」というように、キャスティングを決めるのはプロデューサーの仕事である。

企業においても、何かプロジェクトを実行するときに、社内外から最適な能力を持つ人材を集めて、実現に向けてあらゆるものを動かしていく人材が求められる。

これは半導体の世界から導き出された、キャリアの仮説提言だ。

第4章からは「ビジネスプロデューサー」についてお伝えしていこう。

まとめ13

これからは、ビジネスプロデューサーの時代。

第4章

瞬考と
ビジネスプロデューサー

ＩＴ原理からキャリアの打ち手を考察する

ビジネスプロデューサーの話に入る前に、その話の前提となるＩＴの変遷について簡単にまとめておきたい。

新卒で私が入社した、当時の横河ヒューレット・パッカード（以下、ＹＨＰ）は、名前の通り横河電機とアメリカのヒューレット・パッカード（以下、ＨＰ）の合弁で、計測機の開発・製造・販売を主に行っていた。

多くの外資系メーカーの日本法人は、開発は本国で、販売・サポートは日本で、というパターンが多かったが、当時のＹＨＰは研究開発を日本でも行っており、電子部品計測事業部は、ＨＰワールドワイドでも最も高付加価値かつ利益率の高い事業部だった。

また半導体計測機器も研究開発から製造・販売までを行っており、日本発のプロダクトが世界のハイテクを支えるという、技術者にとってはとても魅力的な会社であった。

ところが、入社して早々、当時の半導体不況の波を受け、私は計測機器の研究開発部門ではなく、新たにＹＨＰが力を入れ始めたＵＮＩＸコンピュータの部門に行くことになった。

当時は、ＩＢＭが大型のメインフレームコンピュータで君臨していたのに対し、後発のＨＰやＤＥＣ、サン・マイクロシステムズが、分散型コンピューティングで対抗し始めた頃だ。

異動した私は、コンピュータ同士をネットワーク接続し、分散して処理を進めるために、アメリカで開発している通信用ソフトの開発サポートをやることになった。

開発サポートといっても、開発はシリコンバレーのマウンテンビューで行っており、開発メンバーとは会ったこともなかった。

私に与えられた仕事は、マニュアルに従ってテストをすることと、懇意にしてくれているお客様のところで、テスト的に使ってもらう際のサポートをする仕事だ。

開発の中心に関わることもなく、ほぼ雑用である。

開発のトップのマネージャーは、ベトナム系アメリカ人。わからないことをメールで質問すると、回答は的確で無駄がなく、凄まじく頭が切れるエンジニアであることが垣間見えた。

長らくメールだけでやりとりしていたのだが、私と大して年が変わらない女性のエンジニアであることを知ったのは、かなり後のことだった。

当時の私は、仕事ができる人であれば、性別・国籍・年齢関係なくそれ相応のポジションになるアメリカが、とても羨ましく思えた。


私がサポートしていた製品は、今で言えば、ＡＰＩを作るための開発キットであったが、１９９０年代初頭にはＡＰＩという概念はまだ一般的ではなかった。

お客様には、「異なるアプリケーション同士が、簡単にプログラム間通信できるツールです。ＯＳやハードウェアが違っても、簡単につなげられます」という大変回りくどい説明をしていた。そのため、多くのお客様にとっては理解不能だったのであろう、まったく売れなかった。

１社だけ、電話がかかってきて、デモをしに行ったら、即座に購入を決めてくれた会社があった。

「すごいな、このツール。すぐ買うよ。見積もり出して」

当時の半導体の王者、モトローラだった。

今でこそモトローラに半導体というイメージはないが、インテルが君臨するまでは、モトローラがコンピュータの半導体では王様であった。

モトローラのエンジニアたちは、あっという間に概念を理解した。彼らはマニュアルを原文で読み、私のサポートは一切不要だった。

結局日本で売れたのは、この１社だけ。

工学部の大学院を卒業し、研究開発者にもなれず、製品サポートの仕事もパッとせず、社会人としてのデビューはかなり厳しいものであった。

しかし、１９９０年代初頭に、ＡＰＩを簡単に作るためのツールの開発サポートをやっていたことは、その後の人生でとても役に立った。

今でこそ、ＡＰＩの概念や仕組みは、エンジニアだけではなく、コンサルタントも、はたまた経営者もわかっていると思うが、１９９０年代初頭に、ＡＰＩを作るツールの開発やテストに携わった経験のあるコンサルタントも経営者も少ないはずだ。

若いうちに、ＩＴの深いメカニズムまで理解できていたのは、とても大きな武器となった。

ＵＮＩＸ通信用のソフト開発も頓挫し（大して売れないので部署ごとなくなった）、私はプロジェクトセンターというシステムエンジニアの部署に移動した。

当時は、ソフトやサービスはハードウェアのオマケという位置付けだったため、なかなか対価がもらえない。ＩＢＭや富士通、日立が提供するメインフレームと違い、ＵＮＩＸマシンは価格が安く（そもそも、メインフレームのDisruptorとして存在していた）、ハードウェアのコストでは、システムエンジニアのコストは賄えなかった。

そのような市場環境だったため、暇すぎて残業もなく、部署も転々と変わったため、30歳になろうとしていたが、昇給はほとんどしていなかった。

しかし周りには無茶苦茶コンピュータやネットワークに詳しい人たちがいた。

ネットワークコンピューティングが始まったばかりの１９９０年代初頭、この部署は私にとって学びの宝庫であった。

新しい製品を、インストールしてみたり、実際に使って弄り回してみたりするわけだが、わからないところは同僚のエンジニアに聞いて教えてもらうことができた。

彼らはマニュアルもろくに見ないが、エンジニアリングの原理原則を理解しているので、少し触っただけで何ができるかを把握していた。

ちょうどその頃、アメリカのノベルから革新的なネットワークＯＳが出現した。ネットウェアである。続いてマイクロソフトもWindows NTというネットワークサーバー用ＯＳをリリースした。

これにより、ディスクやプリンターが簡単に部署で共有できるようになった。

想像もできないかもしれないが、それまでは、パソコンで作成した資料は、フロッピーディスクで保存し、プリンターに物理的なケーブルで接続されているパソコンにフロッピーディスクを読み込ませ印刷していたが、ネットウェアにより、ネットワーク上のプリンターに印刷指示が出せるようになった。

プリンターがネットワーク上で共有できるというのは、今では当たり前のことである。

ディスクも同様に、自分のパソコンのディスクだけでなくネットワーク上の部署の共有ディスクにファイル保存が可能になった。

これも今では当たり前であるが、当時はセンセーショナルであった。

今思えば、シェアリングの始まりである。

さて、これらのＩＴの世界で起きたことは、すべて人間界でも起きていることである。

いろんなものがネットワークにつながり、車をシェアし、空いている駐車場をシェアしたり、空いている部屋を貸し出したりするようになった。シェアリングエコノミーである。

これはコンピュータ同士がつながり、プリンターやディスクをシェアするようになったことと、同じだ。

異なる会社同士で仕事をすると、それぞれしきたりが違うので、お互いアウトプットを定義するようになった。これは異なるアプリケーションをつなげるＡＰＩと同じ概念だ。

今後は、社内だけで仕事が完結することはますますなくなるはずであり、仕事のやり方もＡＰＩ的な要素が入ってくるはずだ。

ここで挙げた事例以外にも、ＩＴ業界で先に起きたことが、後になって、人間の世界で起きているものが多数ある。

重要なポイントになるので繰り返すが、ＩＴの世界で起きたことが、その後、人間の世界で起こってきたのだ。よって、ＩＴの世界の最先端を知っていると、これから世界がどう変化していくかがある程度予測できるようになる。

ＩＴでは情報を共有することで、効率化を追求しているため、コンピュータだけでなく半導体に至るまで、いかに効率よく計算するかが追求されている。

人間界でも情報が共有されれば、効率性が追求されるはずで、いずれはＩＴで起きた事象が、人間界でも起きる可能性が高いはずである。
その一つの事例として、次節では半導体を取り上げることとする。

まとめ01

ＩＴの世界で起きたことが、後追いで人間の世界でも起きる。よって、ＩＴの歴史と最先端を知っておくと、これから社会がどう変化していくかが予測できるようになる。

半導体の世界で起こったことがリアル世界に反映されつつある

パソコンで一般的に利用されている半導体であるCPUは、いわゆるなんでもこなす汎用プロセッサーである。

一方、用途ごとに専用の回路を設計して作るのが、ASIC（Application Specific Integrated Circuit）、すなわち特定用途向けのIC（集積回路）である。

ASICは特定用途のために作られているので、高速にすることはできるが、他の用途には使えない「スペシャリスト」の半導体である。

一方、CPUは汎用であるため、色々な用途に対応可能である。いわゆる「ジェネラリスト」の半導体である。

ご存知の通り、パソコンの進化とともにCPUは高速化を極め、人間で言えば

図7 CPU・DRP・ASICの位置づけ

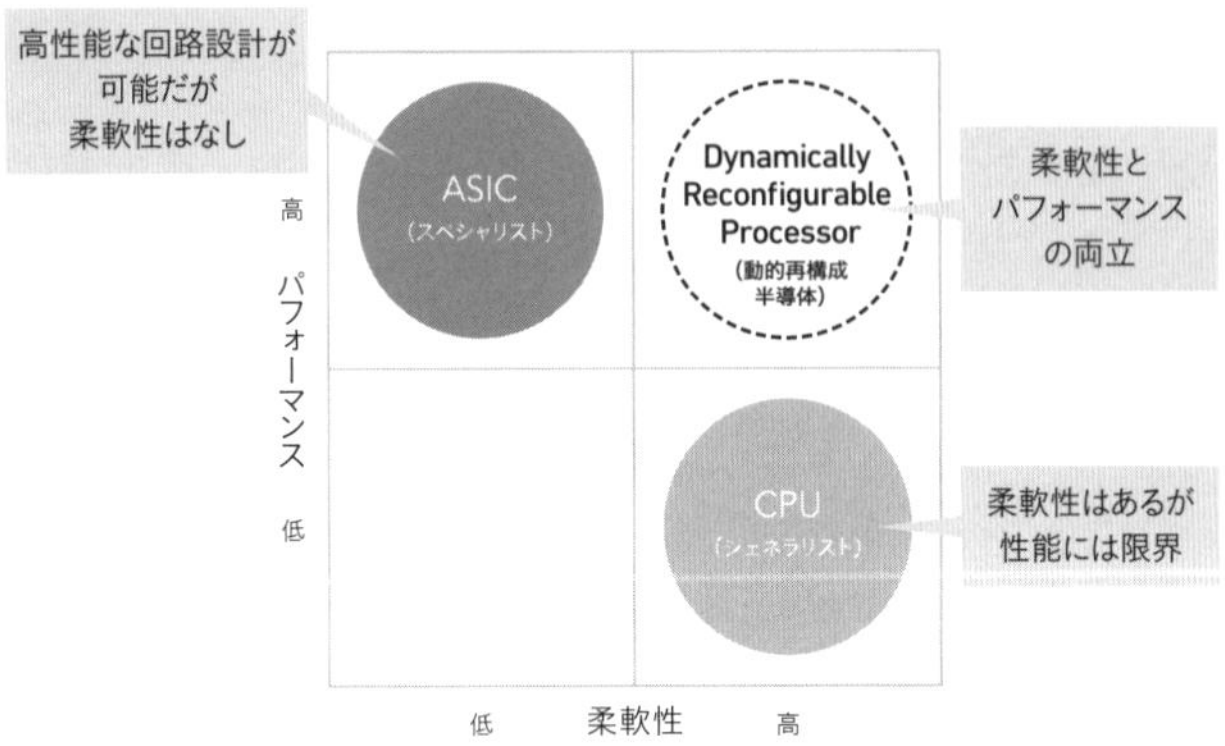

「スーパージェネラリスト」へと進化するのだが、高速化と低消費電力はトレードオフの関係になる。

コンサルタントも、1990年代半ばまでは、「業界にかかわらず、どんな分野でもコンサルします」という、「スーパージェネラリスト型」の人材が多かった。

夜中までエネルギーを使って働いて、寝ずに頑張ります的なアプローチである。

しかし、2000年以降は、徐々に産業別にプラクティスが分かれ、それぞれにスペシャライズ化が進行した。

「スーパージェネラリスト型」コンサルタントは、どんなお題にも答えるため、四六時中働いて、フル回転でクロック数を上げて戦う高速ＣＰＵと非常に似ている。

熱も発するし、エネルギー消費も非常に大きい。

少し前まで話題の中心だったＮＦＴやブロックチェーンのお題を振られた場合、スーパージェネラリスト型コンサルタントたちは、プロジェクトメンバーを組成して、必死になって調べまくって、徹夜して、目を充血させて、まるで「高熱発」しながら調べて帳尻を合わすわけだ。

だが、インターネットで人がつながった今では、その分野のスペシャリストに頼めば一瞬で終わる。

ＳＮＳなどであらゆる業界のトップが可視化されているので、「この業界で実力があるのはこの人だ」というのは、少し調べればすぐにわかる。

それどころか、ChatGPTに聞けば30秒ほどでまとめてくれる（アウトプットの内容などまだ不確かな面もあるが、精度は改善されていくはずだ）。

半導体の世界でも、ＣＰＵだと汎用性はあっても高速化するとエネルギー消費が大きく、専用チップだとスピードは速いが汎用性はない。

この問題を解決すべく、ルネサス エレクトロニクスからDRP（Dynamically Reconfigurable Processor）、東京計器からDAP／DNA－IM2Aという半導体が出ている。動的再構成可能な半導体だ。

説明を非常に簡略化すると、インストラクションが来たら、そのインストラクションを複数の演算ユニットに分解する前処理と、必要な演算ユニットだけを動かすという後処理に分け、計算を実行する。

そもそも必要な演算ユニットしか動かないので、低消費電力であるうえ、処理も一瞬で終わる。

ジェネラリストとスペシャリストのいいとこ取りだ。動的再構成半導体に関しては、2000年代初頭に、米クイックシルバーや日本のアイピーフレックスなどが開発しており、当時としては先駆けである。

今後、人間界でもDRP型の働き方が「勝ち筋」になるのではないかと思われる。

つまり、何かを行うときに、タスクを分解し、実行に必要な人材をキャスティングし、仕事を依頼し、取りまとめるプロデューサー的役割と、依頼された仕事を瞬時に

図8　ビジネスプロデューサーとスペシャリスト

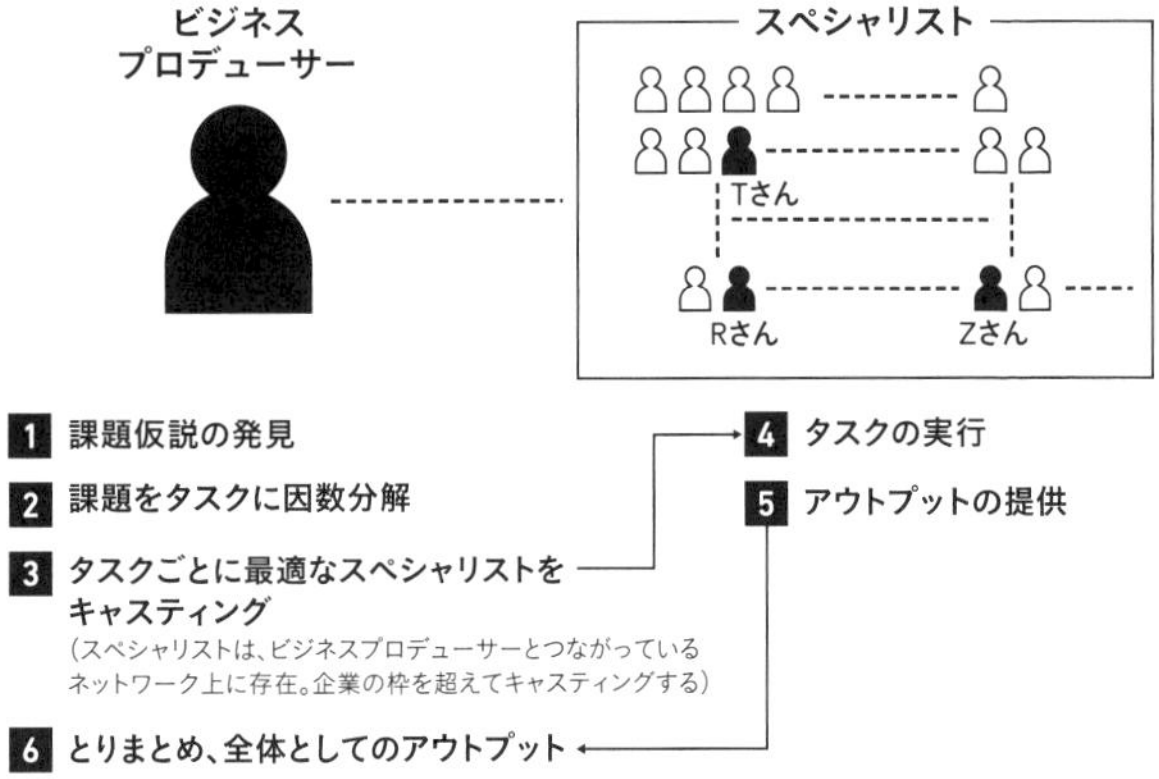

こなすスペシャリストの組み合わせだ。ＡＩに任せたほうが正確で、速くアウトプットを出せるものであれば、ＡＩツールを使用する。そうすれば、仕事は一瞬で終わる。

この仕事をやるなら、ＡさんとＢさんとＣさん。この仕事をやるのなら、ＴさんとＲさんとＺさん、残りはＡＩ。という具合に、仕事によってダイナミックにチームメンバーを再構成するのだ。

特に、新規事業を行うときなどは、同じ部署のメンバーが必ずしも適切ではないはずだ。会社中からメンバーを探して、最適なチームをキャスティングする必要がある。

また、社内で適切な人材を探すだけではな

く、場合によってはオーディション、すなわち社外からもキャスティングするパターンも考えられる。

多くの企業は、新規事業で「何をやるか」ということに時間を費やすが、「誰を使うか」というキャスティングにも、もっと時間を費やすべきではないかと考える。

半導体やＩＴの変遷は、効率化追求の歴史である。

ネットワークがつながり、並行処理ができるようになったことで、効率化追求が加速した。

今や、人間同士もネットワークでつながった。

みんなスマートフォンを握りしめ、世界中の人間が情報ネットワークで直結している。

人間同士がつながった今、半導体やＩＴの世界で起こったことが、人間同士でも起こるはずである、というより、すでにそうなっているのだが、次に記すような手法がネットワーク時代の問題解決のスタンダードになるだろう。

[1] 課題を定義し
[2] 課題を因数分解し
[3] 課題を解決するのに必要な能力・機能を明確化し
[4] その能力・機能を調達し
[5] 調達した人材、ＡＩを統合しながら課題を解決する

こうして、最小限の労力で、最短の時間でアウトプットを出す、ビジネスを動かしていくのがビジネスプロデューサーである。

[1]や[2]はこれまでに存在する書籍などでもよく述べられていたことだと思うが、[3]以降が「つながった世界」では決定的に異なる。

特にポイントとなるのは、[4]その能力・機能を調達、することだ。

自分の頭で必死に考えて、[3]まではなんとか辿り着き、[4]のプロセスで、「このテーマの問題解決を依頼しよう」と思っても、「今抱えている問題を解決するためには、この人にお願いするべきだ」という「この人」が、複数人、思い浮かばなければどうしようもない。

また、調査をして、依頼したいと思う人が見つかったとしても、その人とのネットワークがなければ、仕事を受けてもらえる可能性は低いだろう。トップレベルの人材であれば、仕事は山のように来ているはずだから、何のツテもなく仕事を受けてもらうことは難しい。

ビジネスプロデューサーという用語を使うようになったきっかけをお話ししておこう。

ＢＣＧに入社して4年半経ち、２０００年にドリームインキュベータの設立に参加することになった。コンサルタントとしてなんとか独り立ちができ、ＢＣＧで比較的楽しく過ごしていた頃だった。

ところが、２０００年4月に、当時ＢＣＧ東京のトップだった堀紘一さんが辞めて新会社を作ることになった。

ＢＣＧあげての騒動になったが、すったもんだの挙げ句、私もドリームインキュベータに参画することとなった。

ドリームインキュベータの設立に参画したときに、プロフェッショナルのことをコンサルタントと呼ぶのをやめた。

クライアントのニーズを因数分解し、世の中にどのようなケイパビリティがあるのかを把握し、最適な人材や経営資源を提供するほうが、スピードが速く労力もかからないと思ったからだ。

また、何か新しいことをやるときに、必要なケイパビリティを定義し、提携先を探しても、実際には物事が進まず苦労することが多かった。

こちらはやる気満々でも、相手がホットスタンバイしているわけではない。

普段から色々な企業の状況をわかっていないと、相手が話に乗ってくるかどうかもわからない。

何かを始めるときに、最適な人を探し出し、最適なパートナーを結びつける能力が必要なのだから、私は「ビジネスプロデューサー」という名前をつけた。創業して間もない2000年6月のことだった。完全なる和製英語だ。

今では、ビジネスプロデューサーという言葉は、一般化してきているが、先取りしすぎたかもしれない。

ビジネスプロデューサーとしての働き方を実践するためには、誰がどういうことができて、どういうことが得意かについて、常に視野を広範囲に向けて、広く知っておくことが重要だ。

仮定の話になるが、もし世界中の人材について、誰に、どんな能力があり、どんなことができるかを把握していると、課題解決にかかる時間も異常なほど短縮され、出される解も非常に高いレベルになるはずだ。

視野を世界中に広げるのは実現困難な理想論のように聞こえるかもしれないが、それでも視野を広げる習慣を作って、その習慣を継続することには意味がある。

BTSは、世界中のトップクリエーターが集結して楽曲制作をしているわけで、事例がないわけではない。可能性としてはありえるのだ。

大抵の場合は、そこまで視野を広げず、「自分の部下数名、半径3メートルにいる人材で何かできないか」と考えてしまうことが多いのではないかと思う。

そうではなく、実現可能性は一旦無視して、視野を広げることを意識し、会社全部のリソースを使って何かできることを考える。そして、今いる従業員だけでなく、退職してしまったＯＢや取引先など……この世に存在するあらゆるリソースを含めて構想すると、面白い、そして社会の役に立つビジネスプロデュースができるはずである。

ただ、やろうと思い立っていきなりできるものではない。

「誰がどういうことができて、どういうことが得意か」を知っておく、という話でも重要になるのが、「一を聞いて十を調べる」クセである。

これを地道に、1年、10年、20年……と継続することが、たった一つの方法である。特効薬はない。

まとめ02

ネットワーク時代はＤＲＰ型の戦い方ができる人材が勝つ。

スペシャリストとビジネスプロデューサー

今後、ＡＩが進化するほど、ビジネスプロデューサー的な働き方がより一般的になってくるだろう。私も仕事をそのように進めている。

ＤＲＰといった半導体がインストラクションを複数の演算ユニットに分解し、必要な演算ユニットだけを動かすように、ビジネスプロデューサーも、目的を達成するのに必要最小限のスペシャリストだけを動かし、ビジネスを進めていく。

そうなると、各業界、分野で数少ない上位層ばかりにお呼びの声がかかるようになり、「それ以外」のスペシャリストは、いつでも取り替え可能な大部屋俳優のように、大部屋の座敷に座っているような状態になるだろう。

中途半端な実力では、いつ舞台に呼んでもらえるかわからない、仮に呼ばれたとしても二束三文で安く使われるということだ。

もちろん個人の志向なので、スペシャリストの上位層を目指すのもキャリア戦略上、検討の余地はあると思うが、それ相応の努力が必要だ。

変化が速い今の時代には、スペシャリストを目指した分野が消滅するリスクを負うことにもなる。ＡＩに代替されるリスクも日々増大している。

さて、ここまで提示してきた背景があるため、ビジネスプロデューサーという働き方を提示しているわけだが、いきなり、人をキャスティングするビジネスプロデューサーになるというのは至難の業だ。

学生の頃から起業家ネットワークを構築しているような異次元の人材であれば話は別だが、現実論として、ほとんどの人は、スペシャリストとしての最低基準の要件を満たした人材を目指すことがまずスタート地点となる。

スペシャリストとしての最低基準の要件を満たしていなければ、誰もあなたの話を聞いてはくれない。私もビジネスプロデューサーとして活動しているが、まずコンサルタントのスペシャリストになったから、周囲の人は私の話を聞いてくれたのだと思う。

スペシャリストとしての最低基準を達成した後に、スペシャリストとしてトップオブトップを目指すか、ビジネスプロデューサーを目指すのかを決めるとよいだろう（もちろん、局面によってスペシャリストとしての振る舞い、ビジネスプロデューサーとしての振る舞いを使い分けてもよい）。

その最低基準とは、「丸投げされても成果を出せること」である。

より具体的に表現すると、目標設定さえすれば、あとはプロセスに途中介入しなくても、プロとして求められる基準を満たしたアウトプットをきちんと出す人のことだ。コンサルタントで言えば、「このテーマで収益化するものを探してくれ」「新規事業のテーマでできそうなことを探してくれ」というお題が振られたときに、きちっと結果を出してくる人のことである。

スペシャリストとしての信用がなければ、プロジェクトの途中で、仕事が進んでいるかどうかの確認やアウトプットの品質をチェックされることになる。逆に言えば、目標設定の後に、途中介入があるということは、スペシャリストとしてみなされていないということだ。

「スペシャリストか否か」には役職の上下は一切関係ない。まずは、あなたが担当している仕事で、「丸投げされても成果を出せること」を目指そう。

読者の中にはまだ社会人になって間もない人もいるかもしれない。

「丸投げされて成果を出す」状態になるのも、それなりの努力と時間が必要なので、途中でいろんな壁にぶつかると思う。

「この仕事はもしかしたら自分にはできないかもしれない……」という局面に陥ることもあるかもしれないが、そういうときはまずアラームを出すことだ。

「この仕事は〇〇の理由で難しそうです」というような報告をもらえれば、ビジネスプロデューサーは何らかの対処ができるから、期限ギリギリになって仕事ができていないことが判明するよりも、そのほうが「ありがたい」のだ。

そのようなコミュニケーションができること自体が信頼につながるので、もしそういう事態になった場合は、早急にアラームを出してしまおう。

ただ、仕事ができなくてもいい、と言っているわけではないことには注意してほしい。

その時点で仕事ができないことは仕方のないことだが、そこで「諦めてしまう人」と、「諦めずになんとか努力してくる人」に分かれる。

これまでいろんな人を見てきたが、その時点の実力は同じ、もしくは、「諦めずになんとか努力している人」のほうが低くても、時間が経つごとに、必ず実力をつけて、抜き去っていく。

これには例外がない。

精神論的な話ではあるが、実力も、ネットワークも、何もない若者がスペシャリストを目指していくうえでは必須の姿勢である。

まとめ03

「丸投げされても成果を出せる人」になるのが、スペシャリストの最低基準。

スペシャリストのトップの目指し方

「どういう領域でスペシャリストを目指していけばいいのか」と、疑問に思っている読者もいるだろう。

まず、スペシャリストの中で上位層を目指すというのであれば、結論からお伝えすると、「好きなことをやる」しかないと思われる。

各業界、業種で、「なんとなくこの分野には興味があるな」と思ってその職業を選択して、誰もが日々、切磋琢磨している。

その中で抜きんでようとしたら、「好きなこと」でなければかなり難しいはずだ。継続できるはずがない。

また、「好きなこと」に加えて、「意志」というのが重要だ。

上位層、その中でもトップを目指すうえでは、意志が何よりも重要である。「なんとしてでもこの映画を作ってみたい」「この新規事業が成功すれば、ユーザーの生活が便利になるはずだから、実現したい」というようなものが、意志だ。

経営でも「経営者に意志がある」ことは重要で、これまで新規事業の相談を多数受けてきたが、意志がない新規事業の立ち上げは、ほとんどの確率で失敗する。

大企業で、社長が新規事業を社員に命令し、コンサルティング会社に依頼して、ヒントを提案されたとしても、やりたいと思っている人がいなければ、つまり意志がなければ、莫大な費用と時間をかけて失敗する結末を迎えることになる。

新規事業を成功させようと思ったら、「新規事業をやりたい」と思い立った人に任せることが大前提となる（ただ、残念なことに新規事業を成功させるような逸材は、会社の組織文化に適合できず、社外に飛び出してしまうことが多い。起業家として勝手に成功してしまうのだ）。

経営では、意志に勝る経営資源はない。

それと同じように、個人がスペシャリストを目指す領域を探すうえでも、「好きなこと」「これがやりたいと思えること」に取り組むことが重要だと考える。

ただ、もう少し見るべきポイントはある。

1 参入するマーケットが伸びているか
2 競合が弱くて、自分がトップになれそうかどうか
3 累積経験が利いて、後で参入してきたライバルが損するかどうか

1参入するマーケットが伸びているか、はご存知の読者も多いはずだ。マーケットが伸びていれば、新規プレイヤーや下位プレイヤーでも生き残ることができるが、マーケットが伸びていなければ、参入する余地が少ない。

マーケットが伸びずに衰退している業界であれば、需要が丸ごとなくなってしまう可能性もある。そんなところでスペシャリストを目指してもうまみはない。

2競合が弱くて、自分がトップになれそうかどうか、これはドリームインキュベータ時代に事業投資を決定したアイペット損害保険（ペット向けの保険会社）の話が参考になるはずだ。

当時は、周囲から「そんなところに投資するなんて……」とかなり心配をされたのだが、我々の中では勝算があった。

その頃、ペット保険の競合他社は数としては非常に少なく、圧倒的なライバル企業が君臨する業界でもなかった。

昭和の時代は、ペットを家の外で飼っているような家庭も多かったかもしれないが、今はペットという単純な存在ではなく、「かけがえのないパートナー」「家族の一員」のような存在になってきているうえに、少子化とは逆行して、急激に数は増えている。そうなると、大切な家族のために、保険を検討するという機会がますます増えていくはずだ。

そういう仮説があったので、事業投資を決定した。

同じ「保険」でも、人間の保険となると、話は変わってくる。

人口減少が喫緊の課題になっているが、そうなると、「人間」を対象にした生命保険のマーケットがシュリンクしていくことは明白である。ライバルも、日本生命保険相互会社、住友生命保険相互会社……など、競合がひしめいている。

こういう市場に参入するのは、筋のいい打ち手ではないと思われる。

企業単位の話ではあるが、個人のキャリアでもこのような観点で、「競合が弱くて、自分がトップになれそう」な市場を探す必要がある。もちろん、「好きなこと」「やりたいと思えること」と関係があることが望ましい。

3 累積経験が利いて、後で参入してきたライバルが損するかどうか、については、

コンサルティング業界を例に挙げて説明しよう。

新卒の就職ランキング、転職市場でも、コンサルティング業界は人気を博している。ホワイト化が進んだとはいえ、やはりハードワークであるため、短期間で高密度な経験を積める。また、他の業界業種の職種と比較しても、若いうちから高い給与水準でもある。実力があれば、年齢関係なく昇進していける社内制度のところが多いため、成長意欲のある学生、社会人からは好まれるのだろう。

コンサルティング業界の中で、戦略コンサルタント、ＩＴコンサルタントなど、色々な区分があるが、もしコンサルタントになるのであれば、「自分の土俵は、後に入ってきたライバルが競争劣位になるか否か」という視点を持っておいたほうがよい。

例えば、戦略コンサルタントであれば、プロジェクトを経験するたびに、スキルや知見、ネットワークが含蓄されていくので、累積経験は比較的利きやすい。

だが、テクノロジーコンサルタントとなると、技術周りの変化が速すぎて、表層的なテクニックの習得だけでは累積経験とならないかもしれないし、新しい技術に柔軟に取り組める若手のほうが有利な可能性もある。

言いかえると、「早く参入すればするほど得をするのか」という視点である。

これらを検討しながら、同時並行的にポジショニングを考えなければならない。それが差別化、競合優位性につながるからだ。

ちなみに、自分がある分野のスペシャリストとしてトップに君臨しているのであれば、差別化は最重要事項ではない。また、景気がよくてマーケットが拡大しているときも、ある程度、どのプレイヤーも生存できるので、差別化しなくてもそこそこ生きていける。

マーケット拡大期は下位プレイヤーでも生存できる。

ただ、トップにいる人は少数であろうし、今の時代、景気は悪いことがほとんどなので、差別化によって、競合優位性を構築しなければ生き残れない。

そうなると、そもそも、その分野で自分がポジションを取れそうなのか、どこのポジションにいるのか、どこにポジションを取るべきなのかを考えなければならない。

芸能界は一見楽しそうな、華やかな世界のように見えるが、その裏では才能を削り合う、ポジション取りの熾烈な戦いが繰り広げられている。

ポジショニング戦略で参考になるのが島田紳助氏だ。「紳助・竜介」として漫才界で一定のポジションを取り、その後、司会者のポジションで不動の地位を築いていたが、彼の漫才師から司会者への変遷プロセスが学びになる。

島田紳助氏は自分のポジションを分析して、「漫才という分野では自分はオール阪神・巨人や明石家さんま、ダウンタウンには勝てない」と判断し、色々研究した結果「司会者というポジションではそこそこ成功できるのではないか」と仮説を立てた、と取材番組で答えていたのを見た覚えがある。

結果としてこの仮説は当たったが、彼がこのポジションを取れたのは、

――自分が今いる分野で他にどんな競合がいるのかを把握する

――自分がどのあたりに位置しているかを明確に把握する

――そのうえで、自分がトップを取れるところを探す

ということを丁寧に分析、研究したからではないだろうか。

「司会者」の競合は、テレビ局で会社員として勤務している「局アナ」、もしくは「フリーアナウンサー」である。よほど有名なアナウンサーではない限り、知名度では圧倒的に島田紳助氏の圧勝である。知名度で比較すれば、競合が弱くて、自分がトップになれそうな分野である。

また、司会者として番組を担当するたびに累積経験も利いていく。彼は政治経済系番組の司会者を担当していたことも多かったが、事前準備として勉強しているだろうし、番組でも生の、みずみずしい情報をインプットすることになる。

しかも、テレビに出演するような一流の人たちが情報源だから、質の高いインプットを得ることになる。

自分自身の知識も増えていくし、知人も増えていくので、バーチャル知識ネットワークも増えていく。両方が累積的に島田紳助氏に含蓄されていく。

そうなると、「局アナ」「フリーアナウンサー」が彼に追いつくことは難しくなるだろうし、「芸人」という枠で見ても、明らかに異質な存在になっていく。毀誉褒貶のある人物ではあるが、「どうやってスペシャリストを目指していくか」という戦略を練るうえでは、学べることも多いはずだ。

このポジションを虎視眈々と狙っていた芸人がいたのだろう。島田紳助氏が芸能界を引退した後、「芸人×司会者」というぽっかり空いたマーケットに、次世代の芸人が続々と参入してきた。芸人が司会者をしている番組は今では数多くあるが、そうやって熾烈なポジション取りが繰り広げられている。

芸人だけでなく、歌手も同様で、浜崎あゆみが「歌姫」ポジションに鎮座していたが、彼女は一時なぜかダンスミュージックの方面にも力を入れるようになってしまった。その間に西野カナがスポッとポジションを取ってしまった。

一度ポジションを取られてしまうと、取り戻すことはなかなか難しい。

ビジネスパーソンもポジションを取っていなければ、自分が活躍できる場所をライバルに取られてしまうことになる。

まとめ04

スペシャリストを目指す領域を考えるうえでは、「好きなこと」という視点に加え、1参入するマーケットが伸びているか、2競合が弱くて、自分がトップになれそうかどうか、3累積経験が利いて、後で参入してきたライバルが損するかどうか、を分析しつつ、ポジショニング戦略を練ることが重要。

ビジネスプロデューサーは人間の行動特性を見極めなければならない

ただし、変化が激しい今の時代、スペシャリストだけを目指すというキャリアには、一定のリスクが伴う。市場の変化によって、自分が所属する業界の需要が一気に減少してしまうかもしれない。

また、ビジネスプロデューサーは「目的を達成するのに必要最小限のスペシャリストだけを動かし、ビジネスを進めていく」ので、そのような戦い方が主流になると、スペシャリストとして「選ばれる人」の数は少なくなっていくはずだ。

業界、職種の中で上位に位置していなければ、選ばれる機会が減っていくというリスクが存在する。

またＡＩの進化により、スペシャリスト自体の代替可能性が出てきている。

ChatGPTをはじめ、生成ＡＩの出現により、多くのホワイトカラーの仕事が奪われる可能性がある。

仕事として花形だった弁護士や会計士、コンサルタントやプログラマーなど、かなりの部分はＡＩに代替されるのではないかと推察する。

拡張機能である「アドオン」や「プラグイン」も、どんどん増えており、ますます効率的に仕事が進められるようになるからだ。

リモートでのバーチャル会議は、ＡＩが議事録をまとめてくれるので、若手の議事録係の役割は大幅に縮小される。時間がかかる資料作成も、手書きのメモを一瞬で綺麗なパワーポイントに変換してくれる。クリエイティビティの高い画像もＡＩが作成してくれる。

プロフェッショナルファームで入社歴の浅い社員が担っていた仕事の多くは、ＡＩに代替されるリスクが大きい。

また、これまで業績好調で、多数のクリエーターを雇ってきた業界では、「このまま本当にこの人数が必要なのか」を考えなくてはならなくなるはずだ。

一方、出版業界や音楽業界のように、長年、本やＣＤが売れずに苦労し、人数も縮小してきた業界では、デジタル化が進行し、少ない人数でビジネスを行うことで、高収益へと転換しているプレイヤーも存在する。

こうしたプレイヤーは、筋肉質な企業体質を基盤としたうえでＡＩを使うことによって、ビジネスをさらに効率的に運営できる可能性がある。

だからこそ、スペシャリストとしてのポジションを固めた後は、「選ぶ側」であるビジネスプロデューサーとしての思考法、戦い方を身につけたほうがよい。

まず、ビジネスプロデューサーは、仕事を依頼する相手が「丸投げして成果を出せる人かどうか」を見極める必要がある。

「丸投げ」というと、無責任なニュアンスを感じとるかもしれないが、そんなことはまったくない。プロジェクトにおける責任は、最終的にビジネスプロデューサーが負うので、「丸投げする」というのは大きなリスクなのだ。

だからこそ、キャスティングの際は、「この人は絶対信用できる」という人に頼まなければならない。プロフェッショナルとして信頼しているからこそ、丸投げができるわけである（ただし、丸投げする前に、ビジネスプロデューサーはスペシャリストが仕事を完遂できるよう、彼らの能力や資質、人間性を見極めたうえで、タスクを因数分解しておく必要がある。これはビジネスプロデューサーに求められるスキルの中でもかなり高度なものに分類される）。

仕事を依頼するスペシャリストが、「信頼できる人物か」「なんとしてでも仕事をやり遂げる人なのか」を見極める能力が求められるし、依頼が完了し、仕事が始まった後でも、各担当者の行動特性を把握しながら、プロジェクトを進めていく必要がある。また、万一の場合を考えながら、いつでもスイッチャブル（交代可能）な代役を検討しておくなど、全体を統括していく俯瞰力が求められる。

演劇や映画の世界では、俳優は監督に厳しく怒られる機会が多い。そういう世界なので、撮影の最後のほうになると、俳優が耐えきれなくなって撮影に来なくなってしまうこともあるのだ。

もちろん、監督の叱責が続いても、しがみついて、仕事を完遂する俳優もいる。

プロデューサーは出演する人間すべての行動特性を見ながら、つまり全体観を持ちながら、撮影を進めるわけだ。

ビジネスプロデューサーにも同じ能力が求められる。

まとめ05

スペシャリストとして一定のポジションを確保したら、ビジネスプロデューサーとしての戦い方を身につける。

ビジネスプロデューサーには、人間特性を見抜く能力が求められる。

ビジネスプロデューサーは「信頼」を結びつける職業

各分野のスペシャリストを集結し、統合しながら仕事を進めていくのがビジネスプロデューサーだ。

そのすべての起点となるのが、「信頼」である。

ビジネスプロデュースは「信頼」が起点となって、それがあって初めて物事が動いていく。

信頼がなければ、絶対に物事は動かない。

これは私が数十年間にわたって、戦略コンサルタント、ビジネスプロデューサーとして活動してきたことから体感した、真実である。

私の仕事の実例を紹介したほうが読者の理解は進むのだろうが、数えきれないほど多くの関係者を巻き込みながら仕事を進めていく関係上、守秘義務の問題が広範囲に及ぶので、申し訳ないが、本書でエピソードを公開することは難しい。

ただ、事例がまったくないと、実際にビジネスプロデュースがどう進んでいくのか理解できないと思うので、一つだけ実例をご紹介させていただく。

四国地方の高等専門学校（以下、高専）の学生に対する奨学金制度を作ったときのエピソードである。この説明の過程では、信頼というものがどのようにビジネスを動かし、実現していくのかを理解してもらいたい。

中学校を卒業して高専に入学すると、5年間みっちり、エンジニアリングなどの学問に専念することになる。

一般的な高校に進学し、受験勉強を経て大学に入学した人は、大学3年生で高専出身の学生と出会うことになるのだが、5年間みっちり勉強している高専出身の学生と、受験勉強はしていたが、その後遊び惚けている学生とでは、実力に明らかな差が存在する。

そもそも、中学生の時点で「この学問に専念する」と決意して進学しているわけだから、心構えから鍛え方まで段違いなわけだ。大学院の入試をしても、高専出身の学生ばかりになってしまうこともあるそうだ。

また、1社目のYHP時代の先輩に、抜群に優秀な方がいたのだが、彼は四国の高専出身だった。

それぐらい優秀な人が多いのだが、家庭の経済状況など、やむを得ない理由で、高専卒業後、そのまま就職せざるを得ない人も多い。

おそらくそこに目をつけたのだろう、ソフトバンクやメルカリなどが高専の学生に奨学金制度を作るという情報が流れてきた。

「賢い人が、社会のためになる、いいところに目をつけたな」と思ったのだが、私は「高専の奨学金制度を作るのであれば、四国がいいのではないか」と考えた。

というのも、四国から多くの大学がある関東圏や関西圏に出ていくには、四国を出て寮に入るなり、一人暮らしをしなくてはならない。当然、学費だけでなく家賃などの費用がかかる。

高専生のロボット大会を見ていると、四国の学生は非常に強かった。国内外で活躍すべき学生が無数にいると感じていた。将来有望な学生が、経済的な事情で進路の選択肢が狭まってしまうのは非常にもったいないことだ。

そういう事情があることがなんとなく頭に残っていたので、四国に奨学金制度を作るのがいいのではないか、と考えついた。

さて、ここからはビジネスプロデュース的発想を駆使する。

奨学金制度を実際に作ってくれたのは、ドリームインキュベータ時代の同僚のA君なのだが、彼がいきなり四国の学校に行って、「奨学金制度を作ったほうがいいと思うのです」と言っても、不審がられてしまう。信頼を得るには時間がかかる。

まずは信頼のボンド（接着点）を探さなければならない。そこで「ライトパーソン」(Right person) に出会えれば、物事は一気に動き出す。

まず考えるべきなのが、「誰がどういうことができて、どういうことが得意か」である。

色々記憶を掘り起こして、思い出したのが、これまたドリームインキュベータに在籍していたＢ君だった。

大手通信キャリアからドリームインキュベータに入社してきた人物で、とっくの昔にドリームインキュベータは退職してＨＲ分野の仕事を行っていた。

そういえば、彼の実家について話を聞いたことがあって、「父親が香川県で高校の先生をしていた」ことをふと思い出した。

そこから「何かしら、教育業界に信頼があるのではないか」と直感的にひらめいたのだ。

そこからＢ君の父親に連絡をしてもらい関係者をつないでもらった。

その後は一気に実現まで動いてしまった。

驚くほどすぐに実現してしまった。

これはＢ君の父親が、四国の教育業界で信頼があったから実現できたことである。

また、そこに行きつくまでに、私と元同僚Ａ君との信頼、私とＢ君との信頼、そして、Ａ君とＢ君の信頼があったからこそ、実現できたわけだ（Ａ君とＢ君は、ＯＢ会のゴルフコンペで何度か会っており面識があった）。

まさに信頼が起点となって、実現できたビジネスプロデュースだった。

ここで紹介した例は奨学金制度だが、コンサルティング業界でも、エンターテインメント業界でも、マスコミ業界でも、あらゆる業界において、ビジネスプロデュースの基本的な動作は同じである。

信頼が起点となって、ビジネスは動いていくのだ。

まとめ06

信頼がすべて。

信頼と紹介とビジネスプロデュース

ビジネスプロデュースの話と切っても切り離せないのが、紹介である。

私も職業柄、紹介をすること、紹介されること、そして、「この方をつないでいただけませんか」と紹介をお願いされることも、数多く経験してきたが、紹介には常にリスクが潜んでいる。例えば、誰かを紹介するということは、そこには、自分の信用棄損のリスクが付きまとう。

手痛い失敗も経験してきたので、今では信頼関係を自分が確信できる間柄でしか紹介しないことにしている。

相手がどういう人かを知らない関係性で紹介をするのは絶対にやってはいけない。確実に何らかの不手際が起きて、自分自身の信用を地に落とすことになるからだ。

「信頼が大事だ」というのは、何の変哲もないアドバイスのように聞こえるかもしれないが、ビジネスプロデュースの起点であり、すべてである。

これがネットワーク構築の土台になっていくからだ。

そのネットワークの大きさが付加価値となるが、信頼を損なうようなことをしてしまうと、自分自身で自分の付加価値に傷をつけることになってしまう。

最近、メディアでもベンチャーキャピタルが取り上げられるようになってきた。

ベンチャーキャピタルとは、簡単に言うと、資金の必要なベンチャー企業に資金を投資することでベンチャー企業の成長を手助けするかわりに、株をもらう仕事だが、その本質は、信頼されるネットワークを提供することだ。それが、ベンチャーキャピタルの大きな提供価値である。

資金だけ提供するというのであれば、起業家の立場からすると、選択肢は他にもたくさん存在するのだ。

取引先候補、他の資金提供者候補、幹部人材など、あらゆるネットワークを通して経営資源の提供をサポートする。どれくらいの質と数の紹介を、それも、信頼のある紹介を、自分自身のネットワークから提供できるかが、ベンチャーキャピタリストの力量である。

こう書くと、紹介の持つ力の大きさがおわかりいただけるのではないかと思う。

まとめ07

自分で築き上げたネットワークによる紹介の力は、付加価値の一つ。

信頼の生まれ方と瞬考

では、どうすれば信頼が生まれるのか。

信頼は「一生懸命さ」から生まれる。

特に若い頃は、クライアントに提供できるのは一生懸命さくらいしかない。クライアントからすると、「一生懸命やってくれているな」という若者のエネルギーは、感謝の気持ちに変わり、それが信頼に変わるのだ。

例えば、仕事でクライアントのフィー以上のことをした場合には、そこには何らかの結合力が出ることになる。

逆に、フィー以上のことはやりません、となると、対価と仕事が作用反作用で相殺され、疎結合となり、関係性はそこで清算されてしまう。

一生懸命、仕事をした結果として、失敗してしまった場合でも、それでもかまわないと私は思う。

一生懸命やっていれば、そこには学びもあれば、信頼関係もできる。より正確に表現すると、成功失敗というのは、信頼を作るときには、あまり関係ない話なのだ。

もちろんビジネスをする以上、成功を目指すべきだし、成功することが目標なのだが、仮に失敗したとしても、泥水をすすってでも、最後の最後まで、なんとかしようともがいたかどうかが、真に意味のあることなのだ。

しかし、人を裏切ったりするような仕事のやり方をすると一気に信頼をなくす。たとえ正式なビジネス文書となっていなくても、約束を破ったりした場合も同様である。

一生懸命さ、というのはこういうことなのだ。

そうやって仕事をしていけば、クライアントの信頼を得ることになる。

それは、信頼という結び目によって、そのクライアントがこれまでの人生をかけて丁寧に積み上げてきたスキル、経験、そしてネットワークを「バーチャル知識ネットワーク」として背負うことになる。

10年、20年、30年という時間軸でこの仕事のやり方をしていると、簡単には追いつけない経験と実績が積み重なっていく。

第2章の冒頭で、「自分自身で鋭い仮説を生み出す」瞬考の要諦を次のように示した。

1 求められる仮説とは「相手が知らなくて、かつ、知るべきこと」を捻り出すこと

2 仮説構築をするためには、事象が起きたメカニズムを探る必要がある。メカニズム探索では、「歴史の横軸」「業界知識の縦軸」そして、その事象が起きた「背景」を意識する。

3 導き出した仮説を「メカニズム」として頭の中に格納し、それらをアナロジーで利用する

4 事例などのインプット量が仮説を導き出す速度と精度を決める

5 「一を聞いて十を知る」人ではなく、「一を聞いて十を調べる」人が仮説を出せるようになる

6 あらゆる局面でエクスペリエンス・カーブを意識する

ビジネスプロデューサーとしてある程度のレベルに到達できれば、ここにもう一つのポイントが加わることになる。

7 バーチャル知識ネットワークを総動員する

ビジネスプロデューサーを目指す過程で、一生懸命さで培ったバーチャル知識ネットワーク、言わば、知識の大海原を背負いながら、自分自身で培った思考力を組み合わせる。

自分の頭脳、バーチャル知識ネットワーク、ＡＩ、あらゆるものを駆動させ、そこから仮説を一瞬ではじき出す。

これが瞬考である。

そうやって、ビジネスを動かしていく。

世界を変えていく。

これこそがビジネスプロデューサーである。

まとめ08

自分自身の頭脳×バーチャル知識ネットワークなど、あらゆるものを駆動して、仮説を一瞬ではじき出す。

ビジネスプロデューサーを目指すために今日からできること

信頼を積み重ねていく、そのために一生懸命仕事をするのは、誰でも、今日から、やろうと思えばできることだ。

普段やっている仕事で、あなたができること、すべきこと、したほうがよいことをお客様に真剣に提供すれば、そこには信頼が生まれるはずだ。

ドリームインキュベータ時代に「社長100人と知り合いになる方法」なるものを話していたことがある。

その頃、T君という分析能力の切れ味が抜群に鋭い若手の社員がいた。

ただ、若手なので、経営トップと会う経験はまったくなかった。

私は彼に「君の分析能力を使い、マザーズ（今のグロースの一部）に上場しているベンチャー企業の決算発表を全部分析してみてはどうか。ついでにその競合まで全部分析したうえで、分析から出た仮説を資料としてまとめて、それを持って、社長に話に行ってみなさい」と指示を出した。

「最初は会ってくれないかもしれないが、そのうち君の分析能力を見込んで、会ってくれる経営者が出てくるはずだ」「1社でも会ってもらえる社長がいれば、必ず2社になるし、積み重ねれば100社になるはずだ」「もし、100人の社長に会って、連絡先を教えてもらって、電話一本で話せるような関係になれば、コンサルタントとして圧倒的な差別化になるし、財産になるはずだ」というアドバイスをしたことがある。

100人の経営者と電話で話せるレベルになったかどうかまではわからないのだが、彼は素直に実践した。今はファンドで活躍していると風の便りに聞いている。

彼はコンサルタントで、分析が得意だったので、それをもとに信頼を作っていこうとした。

誰にでも、自分の仕事で「好きなこと」「得意なこと」、もし、それがなかったとしても「できること」「やるべきこと」は存在するはずだ。

一生懸命さで、それをお客様に提供していくことが、ビジネスプロデューサーを目指す第一歩である。

それがネットワークの起点となる信頼を生み出すことになる。

また、そうやって勝ち得た信頼のネットワークを保っていく観点も持つべきだ。

つまり、仕事を仕事で終わらせない姿勢が求められる。

例えば、コンサルティングだと、プロジェクトは期間が決まっているので、意識をしておかなければ大概の場合はプロジェクト終了時に関係性が途切れてしまう。

そうならないためには、相手から「この人といると、なんとなく面白いな」と思ってもらわなければならない。

仕事だから付き合うというドライな関係性ではなく、「一緒にいると面白いことができそうだ」「自分が知らないことを教えてもらえそうだ」というところで興味を持たれるということだ。それが長い付き合いの始まりになるのではないかと思う。

私自身の人生を振り返ってみても、「この人はなんでこんな発想ができるのだろうか」「こんなことをよく思いつくな」と感じる人とは長い付き合いになっている傾向がある。

経営者とも、ビジネスシーンだと仕事の話をすることになるが、彼らと長い付き合いをしようと思ったら、仕事以外の話もできなければならない。

経営者は四六時中、仕事のことばかりを考えたり、話を聞かされたりしているので、それ以外の時間は、もっと別の話をしたいのだ。

かと言って、いきなりゴルフの話なんかをするのも興ざめされる。

ここでも、「相手が知らなくて、かつ、知るべきこと」のマトリックスの話につながってくる。

経営者が「知らなくて、かつ、知るべきこと」を捻り出すことで、「こいつは自分の知らないことを知っている。なんで俺の知らないようなことをこいつは知っているんだ。なんかよくわからんが、面白いやつだ」と思われれば、彼らとの付き合いを広げていくことができる。

まとめ09

目の前の仕事で自分の職務をやりきることが、ネットワークの起点となる信頼を生み出す。

ビジネスプロデューサーの統合力

ネットワークを構築したら、各分野のスペシャリストをまとめ上げてプロジェクトを推進していくこととなる。

どの人材も各分野の最前線でしのぎを削っているスペシャリストなので、彼らを「動かす」というのは至難の業である。

彼らを統合するには、猛獣使いのような能力を身につけなければならない。

まずは、プロジェクトを実現するためには、誰を、どこに当てはめるのか、という設計力が求められるし、それらをドライブしていくスキルも必須だ。

これらの能力を下支えするのも、「相手が知らなくて、かつ、知るべきこと」を常に考えることだ。繰り返し何度も登場しているので、さすがに覚えていただいたと思うが、これがプロジェクトマネジメントのたった一つのポイントなのである。

私がコンサルティングでプロジェクトを進めていくときも、部下である「Aさんは何を知っていて、何を知らないか」「Bさんは何を知っていて、何を知らないか」……。それをすべて把握する。

ここで把握した「誰が何を知っていて、何を知らないか」を常に考え、スペシャリストを統合しながら、プロジェクトを進めていくのだ。

「この情報はAさんも知っておいたほうがいい」という情報がインプットされれば、Aさんに伝える。「Aさんに伝える」ことができるのは、「Aさんは何を知っていて、何を知らないか」を把握しているからこそできることである。

また、「Aさんが知っていること」「Aさんが知らなくてもよいこと」は伝える必要がないので、その情報を共有しなくてもプロジェクトマネジメントは円滑に進む。

これをプロジェクトのメンバーである、Aさん、Bさん、Cさん、クライアントのDさん、Eさん、Fさん……と関係者すべての「相手が知らなくて、かつ、知るべきこと」を常に意識していれば、ほとんどのプロジェクトはきちんと完了できる。

「相手が知らなくて、かつ、知るべきこと」を考えることは、ビジネスプロデュースの初動から、プロジェクト実現まで、最初から最後まで意識しなければならない。

これが自然と、いつでも、どこでも、誰に対してもできるようになれば、ひとまず一人前のビジネスプロデューサーである。

まとめ10

「相手が知らなくて、かつ、知るべきこと」を考えることは、プロジェクトマネジメントでも役に立つ。

信頼をつなぎ合わせた、その先に

私自身、コンサルタントになった当初は、経営どころか、営業の知識も経験もまったくなかったが、周囲のネットワークに助けられながら、なんとかここまでやってくることができた。

今の日本は、はっきり言って前途多難な状況である。少子高齢化に伴う働き手・消費者の減少による経済縮小、社会保障費の増大。

仕事を真面目に頑張って昇給したとしても、その先に待っているのは累進課税。すべてが負のサイクルで回っているのが現状で、この現実問題の解を出せそうな人間は見当たらなそうである。

コンサルタントという職業が、新卒・転職ランキングで上位に登場したり、「働かないオトナ」がのさばっている会社に見切りをつけて、早々と転職していく人が増えていたりするのも、「独立しても成功できるような、どこでも通用するスキルを早く身につけて、生き残る力を身につけなければならない」という切迫した意識が、切実な時代の空気を感じているビジネスパーソンにあるのだと思う。

そういう切迫した意識がある。

しかし、具体的に何をしていいのかわからない。

どんなスキルを身につければいいのかわからない。

「自分がやるべきこと」がわからない。

わからないからこそ、焦ってしまう。

そういう人が多いのではないだろうか。

本書では、仮説を瞬時にはじき出す「瞬考」と、日々の努力で作り上げたネットワークをもとにビジネスを動かしていく「ビジネスプロデューサー」についてお伝えした。

ここまで解説してきたように、仮説とは、自分だけで導き出すものではない。自分の頭脳はもちろん使うが、自分自身が築き上げたバーチャル知識ネットワークを総動員して、はじき出すものである。

本書の内容を丁寧に、着実に実践してもらえれば、あなたの実力は、最初はゆっくりと、だが、時間が経過していくと、累積的に積み上がっていく。

「相手が知らなくて、かつ、知るべきこと」を常に考えながら、「一を聞いて十を調べる」ことでインプット量を増やして、出会った相手に価値を提供して、丁寧に仕事をしながら「信頼のつなぎ目」をコツコツと増やしていく。

そのたびに、あなたの周りにネットワークができていく。

この過程で、あなたが生まれたこの時代に、「自分がやるべきこと」がだんだん見えてくるはずだ。

「自分がやるべきこと」は、絶対に、自分で見つけるしかない。

あなたの築き上げたネットワークが広がり、私のネットワークにつながって、もしかしたら、いつか、私の知人からあなたを紹介してもらう日が来るかもしれない。

いや、ネットワークを介在させず、直接、あなたに仕事をお願いさせてもらうかもしれない。そのときにあなたに力を貸してもらえるよう、私も日々、仕事に励んでいく所存である。

いつか、そうやって仕事が一緒にできることがあれば、この社会をいい方向に変える、「世界を動かす仮説」を、ともに、エキサイティングに、議論させてもらいたい。

まとめ11

「相手が知らなくて、かつ、知るべきこと」を考え、「一を聞いて十を調べる」を生涯にわたって継続する。

謝辞

『瞬考』を出版するに至るまで、数多くの方々にお世話になってきた。決して私一人で書けたわけではない。横河ヒューレット・パッカードで、熱心に指導してくださり、四季報丸暗記のきっかけを与えてくれた石澤稔さん。SEとしての基本動作を教えてくれた沼畑幸二さん（アシリレラ創業者）。BCGで何度も挫折し心折れる中、根気よく指導し、日々励ましてくれた重竹尚基さん、八橋雄一さん。ドリームインキュベータ設立後、さまざまな困難の中、一緒に乗り越えてくれた先輩・同僚の皆様。

長年の友人・先輩として、エンタメビジネスを一から教えてくれた笠井一二さん（元フジテレビ・プロデューサー）、丸山茂雄さん（ソニー・ミュージックエンタテインメント元社長）。数多くの方々とご一緒する中で、ビジネスプロデューサーという概念が生まれ、「瞬考」という思考法に辿り着くことができた。最後に、編集者の枠を越え、プロデューサーとしてご一緒いただいた金山哲也さん（かんき出版）。

そして、ここには書ききれない、お世話になったすべての方々に、この場をお借りして心よりお礼申し上げます。

ブックデザイン
山之口正和（OKIKATA）
斎藤友貴（OKIKATA）

DTP
安田浩也（株式会社システムタンク）
野中賢（株式会社システムタンク）

【著者紹介】

山川 隆義（やまかわ・たかよし）

◉——ビジネスプロデューサー。

◉——京都大学工学部および同大学精密工学修士（生産システム工学 専攻）。横河ヒューレット・パッカード株式会社（現在の日本ヒューレット・パッカード合同会社）、ボストン コンサルティング グループ（BCG）を経て、2000年に株式会社ドリームインキュベータ（DI）創業に参画。2005年取締役副社長、2006年から2020年まで代表取締役社長。

◉——BCG、DIを通じ、25年に渡り、数多くのコンサルティングに従事。同時に、多数のベンチャー企業のIPOに貢献。現在はビジネスプロデューサーとして、エンターテインメント、証券、産業財、ヘルスケア、IT分野の企業における社外役員及びアドバイザーとして活動するとともに権利マネジメントビジネスを実践。

瞬考《しゅんこう》　メカニズムを捉《とら》え、仮説《かせつ》を一瞬《いっしゅん》ではじき出《だ》す

2023年6月5日　　第1刷発行
2023年7月7日　　第3刷発行

著　者——山川　隆義
発行者——齊藤　龍男
発行所——株式会社かんき出版
東京都千代田区麹町4-1-4 西脇ビル　〒102-0083
電話　営業部：03(3262)8011㈹　編集部：03(3262)8012㈹
FAX　03(3234)4421　　振替　00100-2-62304
https://kanki-pub.co.jp/

印刷所——図書印刷株式会社

　ISBN978-4-7612-7676-8 C3034